Anciens cont

Découvrez les dieux, ... mythologie des Vikings : Odin, Loki, Thor, Freya et plus encore (Livre pour jeunes lecteurs et étudiants)

Par Student Press Books

Table des matières

Introduction

**Découvrez les anciens contes nordiques et les dieux nordiques —
Mythologie pour les 12 ans et plus.**

Bienvenue dans la série Une mythologie passionnante. Ce livre vous
présente **les dieux, les déesses et les géants des Vikings**. Il présente les
portraits d'Odin, Thor, Loki, Baldur, Frigg, Freya, Freyr et bien d'autres !

Accompagnez Thor dans ses nombreuses aventures et découvrez les
corbeaux d'Odin, les liens entre Loki et Freyja, qui descend d'Asgard vers
Midgard en saluant les femmes qu'elle rencontre en chemin. Avec des
images captivantes, complétées par des textes informatifs et des détails
sur la mythologie nordique, vous aurez beaucoup de plaisir à lire ce livre
de contes nordiques anciens.

Ce Livre des anciens contes nordiques est idéal pour quiconque souhaite
s'initier à cette culture : il regorge de détails sur les authentiques Odin,
Thor, Loki et tant d'autres. Mais si vous n'êtes pas un érudit (ni un Viking),
ne vous inquiétez pas ! La langue de ce texte ancien a été traduite pour
rendre accessibles tous les messages importants qu'il contient.

Thor n'est pas le seul à faucher ses ennemis avec un marteau destructeur
d'armes ! Voici tous vos dieux mineurs préférés : Bragi, Freya, Forseti,
Heimdall et Njord. Si vous voulez en savoir plus sur la mythologie
nordique, ce livre est fait pour vous.

Ce livre de la série Une mythologie passionnante re**couvre :**

- Mythologie nordique — Explorez les royaumes des dieux
  nordiques : Asgard, Valhalla, Hel, et bien d'autres.
- Des biographies fascinantes des dieux nordiques — Découvrez ces
  dieux et déesses et leurs pouvoirs.
- Des portraits vivants — Donnez vie à ces dieux dans votre
  imagination à l'aide d'images attrayantes.

À propos de la série : La série Une mythologie passionnante de **Student
Press Books** présente des perspectives nouvelles sur les dieux anciens qui
inciteront les jeunes lecteurs à réfléchir à leur place dans la société, et à
découvrir l'Histoire.

Votre cadeau

Vous avez un livre dans les mains.

Ce n'est pas n'importe quel livre, c'est un livre de Student Press Books ! Nous écrivons sur les héros noirs, les femmes qui prennent le pouvoir, la mythologie, la philosophie, l'histoire et d'autres sujets intéressants !

Puisque vous avez acheté un livre, nous voulons que vous en ayez un autre gratuitement.

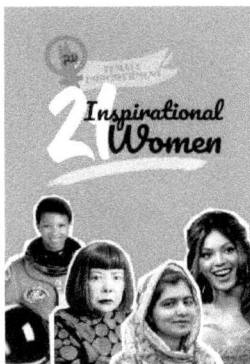

Tout ce dont vous avez besoin, c'est d'une adresse électronique et de la possibilité de vous abonner à notre newsletter (ce qui signifie que vous pouvez vous désabonner à tout moment).

Alors, qu'attendez-vous ? Inscrivez-vous dès aujourd'hui et recevez votre livre gratuit instantanément ! Tout ce que vous avez à faire est de visiter le lien ci-dessous et d'entrer votre adresse e-mail. Vous recevrez immédiatement le lien pour télécharger la version PDF du livre afin de pouvoir le lire hors ligne à tout moment.

Et ne vous inquiétez pas, il n'y a pas d'attrape ou de frais cachés, juste un bon vieux cadeau de notre part ici à Student Press Books.

Visitez ce lien dès maintenant et inscrivez-vous pour recevoir votre exemplaire gratuit de l'un de nos livres !

Lien : https://campsite.bio/studentpressbooks

Mythologie nordique

Audhumia

Également orthographié Audhambla, ou Audhumla.

La vache qui a créé Buri en léchant de la glace.

Vache primitive née de la fonte des glaces au début de l'univers. Audhumia (Nourrice) est responsable de la formation de l'homme primitif dont descendent tous les dieux, et elle a également nourri le géant primitif dont descendent les géants du froid.

Les Nordiques croyaient que l'origine de tout était un gouffre béant appelé Ginnungagap. L'extrémité nord de ce gouffre était remplie d'énormes quantités de glace et de calcaire, dans un vaste désert gelé appelé Niflheim.

L'extrémité sud du gouffre était une vaste région de feu appelée Muspelheim. Entre les deux, là où la brume froide de Niflheim rencontrait les étincelles chaudes de Muspelheim, un dégel se produisit, et des gouttes de glace en fusion formèrent le premier géant, Ymir (ou Aurgelmir, "Mud Seether").

Après la création d'Ymir, les gouttes formèrent un autre être, une énorme vache. Selon l'Edda en prose (ou Edda jeune), "La chose suivante, lorsque la jonque s'écoula, fut qu'il en sortit une vache appelée Audhumia, et quatre rivières de lait coulèrent de ses mamelles".

Ymir était capable de se nourrir du lait qui coulait des mamelles d'Audhumia. Mais quand Ymir dormait, il commençait à transpirer. De sous son bras gauche surgirent un homme et une femme, tandis que ses pieds s'accouplèrent et donnèrent naissance à un fils. De ces créatures descendit la race des jotuns, ou géants des glaces maléfiques.

Audhumia se nourrissait en léchant les blocs de glace en pierre, qui avaient un goût salé. À l'endroit qu'elle lécha, les cheveux d'un homme apparurent à la fin du premier jour. Elle continua à lécher, et le soir du deuxième jour, une tête était apparue.

Le troisième jour, l'homme entier émergea. Il s'appelait Buri (également orthographié Bure ou Bori). Il était fort, beau et bon. Il eut un fils appelé Bor, qui épousa une géante nommée Bestla. Ils eurent trois fils, Odin, Vili et Ve, qui furent les premiers de la race des dieux. Ils étaient les éternels ennemis des géants du froid, et lors de la première bataille entre eux, les trois frères tuèrent Ymir ; de son corps ils créèrent le monde, la mer et le ciel.

Questions de recherche

1) Si les dieux nordiques sont réels, qui aimeriez-vous inviter à dîner ce soir ?
2) Quel serait le meilleur dieu nordique pour partir en vacances avec lui ?

Buri

Également orthographié Bori, ou Bure.

Dieu des dieux

Buri est le géniteur des dieux. Il est le père de Bor et le grand-père du dieu principal, Odin.

Selon le "Prose (ou Younger) Edda", Audhumia, une énorme vache, a été créée au début des temps. Elle se nourrissait en léchant des blocs de glace en pierre, qui avaient pour elle un goût salé. À l'endroit qu'elle léchait, les cheveux d'un homme apparurent à la fin du premier jour. Elle continua à lécher, et le soir du deuxième jour, une tête était apparue. Le troisième jour, l'homme entier est apparu. C'était Buri. Il était fort, beau et bon. Buri eut un fils, Bor, qui épousa une géante nommée Bestla. Ils ont eu trois fils : Odin, Vili et Ve. Ils furent les premiers de la race des dieux.

Questions de recherche

---

1) Si vous deviez être un dieu ou une déesse nordique, qui choisiriez-vous et pourquoi ?
2) Comment devient-on un dieu dans la mythologie nordique ?

Bor

Également orthographié Bur.

Le fils de Búri, architecte d'Asgard.

Bor est l'un des êtres les plus anciens. Bor était le fils de Buri, et était le père des dieux Odin, Vili, et Ve.

La littérature qui nous est parvenue ne dit pas grand-chose de Bor. Il a épousé Bestla, une fille des premiers géants du froid, et leurs trois fils sont à l'origine de la race des dieux connus sous le nom d'Ases, les principaux dieux des Vikings.

Dans la littérature nordique, Odin et ses frères, qui ont ensuite créé les premiers êtres humains, sont souvent appelés les fils de Bor.

Questions de recherche

1) Quels sont les mythes scandinaves que vous appréciez le plus ?
2) Quelle est l'idée fausse la plus répandue à propos de ces mythes ?
3) En quoi les dieux nordiques sont-ils différents des divinités grecques ?

Valkyries

De belles jeunes filles qui choisissent les héros à abattre au combat et les conduisent au Valhalla.

Les Valkyries sont les filles du dieu principal Odin. Souvent appelées les jeunes filles d'Odin, elles étaient appelées les Valkyries (en vieux norrois Valkyrjr, "choisisseuses des morts"). Sur ordre d'Odin, elles survolaient à cheval les champs de bataille pour choisir les âmes des morts héroïques. Elles emportaient ces âmes au Valhalla, la salle de banquet d'Odin dans le royaume céleste d'Asgard.

Là, les guerriers devenaient membres des Einherjar, les compagnons et la bande de combat d'Odin. Les Valkyries avaient également le pouvoir de déterminer qui seraient les vainqueurs et qui seraient les vaincus dans ces conflits. La croyance en l'existence de cavalières magiques venues du ciel était très répandue dans les cultures scandinaves et germaniques, même si elles étaient appelées par des noms différents.

Les Valkyries étaient représentées comme des femmes jeunes, belles, mais féroces, qui s'habillaient magnifiquement en armure complète et en épée lorsqu'elles montaient à cheval. Elles pouvaient également se transformer en loups ou en corbeaux. Les Vikings croyaient que lorsqu'un brave guerrier était sur le point de mourir au milieu de la bataille, il voyait soudain la silhouette d'une Valkyrie, qui l'emportait dans le ciel et le transportait au Valhalla. Pour tous les autres participants à la bataille, elle restait invisible. Avant les batailles, le nom d'Odin était invoqué afin qu'il puisse envoyer les Valkyries choisir les meilleurs des combattants qui allaient mourir.

Les noms des Valkyries varient dans la littérature qui subsiste. Parmi elles, on trouve Hrist (secoueur) et Mist (brume), qui apportèrent à Odin sa corne, Skeggjold (temps de la hache), Skogul (rage), Hild (guerrière), Thrud (puissance), Hlokk (cri), Herfjotur (mangeur d'hostie), Goll (cri), Geirahod (porteur de lance), Randgrid (porteur de bouclier), Radgrid, Reginleif, Gunn (bataille) et Rota. Skuld, la plus jeune des Norns, chevauchait également avec les Valkyries. La déesse Freya arpentait également les champs de bataille à la recherche d'âmes vaillantes, dans un char conduit par deux chats ; en accord avec Odin, elle avait droit elle-même à la moitié des héros morts, les amenant non pas au Valhalla, mais dans sa propre salle de banquet, Sessrumnir.

Lorsqu'elles ne recueillaient pas les âmes sur les champs de bataille, les Valkyries passaient leur temps dans l'immense salle dorée du Valhalla, assez grande pour contenir tous les guerriers que les Valkyries pouvaient y amener. Au Valhalla, le rôle des Valkyries était de servir de la bière et de l'hydromel à Odin et aux Einherjar, qui festoyaient et se livraient à des beuveries sacrées et bruyantes.

La plus célèbre des Valkyries était Brynhild (également connue sous le nom de Brünnehild, Brunhild ou Brunhilda), qui apparaît dans un certain nombre de mythes et de légendes. Selon la "Volsunga Saga" islandaise, elle était le chef des Valkyries. Bien qu'elle soit la préférée d'Odin, elle désobéit un jour à ses ordres quant à savoir qui devait vivre et qui devait mourir, et s'attira ainsi sa colère. Il la punit en la plongeant dans un sommeil magique, entourée d'un cercle de feu. Seul un héros assez courageux pour braver les flammes aurait le pouvoir de la réveiller.

Questions de recherche

1) Quels sont les avantages ou les inconvénients d'être à Valhalla ?
2) Pensez-vous que Valhalla soit une bonne idée pour la société ?

Brynhild

Également orthographié Brunhild.

Une femme guerrière, l'une des Valkyries, et fille d'Odin.

Brynhild est l'une des Valkyries, fille du dieu principal Odin. Selon l'épopée Volsunga Saga, elle était la préférée d'Odin jusqu'à ce qu'elle lui désobéisse. Il l'endormit entourée d'un anneau de feu, que seul le héros le plus courageux pouvait traverser. Dans certaines légendes nordiques, la jeune fille aux pouvoirs surnaturels était la fille du roi Buthli et la sœur d'Atli, roi des Huns.

Dans la tradition nordique, le héros Sigurd, après avoir tué le dragon Fafnir, chevaucha son cheval, Grani, à travers les flammes qui entouraient Brynhild. Lorsqu'il dégaine son épée et coupe sa cotte de mailles, Brynhild se réveille. Les deux hommes tombèrent amoureux et passèrent trois nuits ensemble, l'épée de Sigurd entre eux pendant leur sommeil.

Sigurd donna à Brynhild l'anneau magique des Nibelungs avant de se rendre à la cour du roi Giuki, où il reçut une boisson magique qui lui fit oublier son engagement envers Brynhild. Avec le temps, il épousa Gudrun, la fille de Giuki, puis aida Gunnar, le frère de Gudrun, à gagner Brynhild pour lui-même.

Sigurd a accompagné Gunnar jusqu'à l'anneau de feu de Brynhild. Le cheval de Gunnar a refusé de sauter dans l'anneau de feu. Déguisé en Gunnar, Sigurd traversa les flammes sans hésiter. Trompée en pensant que c'était Gunnar qui s'était montré digne de sa main, Brynhild épousa Gunnar.

Ignorant que son amour Sigurd avait reçu une potion pour l'oublier, Brynhild se résigne malheureuse à son mariage avec Gunnar. Mais lorsque Brynhild découvrit comment elle avait été trompée pour épouser Gunnar, son humiliation et son ressentiment se transformèrent en une véritable haine à l'égard de Sigurd. Dans certaines versions, Brynhild incite Hogni, le frère de Gunnar, à tuer Sigurd, dans d'autres, Hogni et Gunnar convainquent leur demi-frère Guttorm de commettre le meurtre. Brynhild, dans sa quête de vengeance contre Sigurd, s'est poignardée et a été brûlée sur le bûcher funéraire de Sigurd.

Brynhild est appelée Brunhild dans l'épopée germanique de la Chanson des Nibelungs (Nibelungenlied). La version germanique met l'accent sur la perte de ses capacités magiques lorsqu'elle se soumet à un homme, sur sa jalousie corrosive à l'égard de Kriemhild, la femme de Siegfried (Sigurd), et sur sa volonté de vengeance lorsqu'elle découvre qu'elle a été trompée en épousant le mauvais homme.

Dans la Chanson des Nibelungs, Kriemhild et Brunhild se disputent à l'extérieur de l'église au sujet de leur statut, car Brunhild a été amenée à croire que Siegfried est un vassal de Gunther (Gunnar), alors qu'en fait il est l'égal de Gunther. Lorsqu'elle se rend compte qu'elle a été trompée, Brunhild convainc Hagen (Hogni) qu'il doit tuer Siegfried.

Lorsque Gunther, Hagen et Siegfried vont chasser dans l'Odenwald, Hagen transperce Siegfried d'un coup de lance alors qu'il se penche pour boire à une source. Dans cette version, Brunhild exulte à l'annonce de la mort de Siegfried et ne se suicide pas sur son bûcher, comme dans la version nordique.

1. Qui sont d'autres guerriers célèbres du Valhalla ?
2. Comment entre-t-on dans le Valhalla ?

Asgard
Le lieu de résidence des dieux du pays.

Asgard est le lieu de résidence des dieux Ases. Selon Snorri Sturluson, auteur de la "Prose (ou jeune) Edda", Asgard est le dernier endroit créé par les dieux, après qu'ils aient créé la terre, les mers, le ciel, Jotunheim (Giantland), Midgard (Terre du Milieu, qui deviendra la maison des humains) et les nuages.

Asgard était une forteresse géante située sur des falaises abruptes s'élevant au centre du monde. Tous les dieux et leurs descendants y vivaient. On la considérait comme une citadelle imposante qui s'élevait depuis Midgard et dont les murs étaient si hauts qu'ils disparaissaient dans les nuages. Asgard devait être très haute pour être à l'abri des empiètements et des invasions des ennemis des dieux, les géants des glaces.

A Asgard se trouvait le trône du roi des dieux, Odin. Ce trône était appelé Hlidskjalf, et il était situé dans une belle prairie appelée Idavoll. Une salle appelée Valaskjalf, faite d'argent brillant, était construite pour entourer le trône. Quand Odin s'asseyait sur Hlidskjalf, il pouvait voir le panorama du monde entier, le ciel et la terre, et tout ce qui se passait partout.

Il y avait aussi une salle magnifique, entièrement faite d'or pur, appelée Gladsheim (Maison étincelante). Dans Gladsheim se trouvaient les trônes d'Odin et des 12 dieux les plus élevés. Vingolf, la salle de l'amitié, était la salle des déesses. Chaque jour, les dieux et les déesses se réunissaient à

Asgard, au siège de leur jugement, au Puits d'Urd, pour discuter de ce qui se passait dans le monde et de ce qu'ils devaient faire, le cas échéant.

Le bâtiment le plus grand et le plus célèbre d'Asgard était le Valhalla, la salle de banquet. C'est là qu'Odin organisait des festins au cours desquels les Ases et les Einherjar, les âmes des guerriers qui avaient trouvé une mort courageuse au combat, mangeaient ensemble dans la convivialité et la joie. Valhöll, le terme vieil islandais pour Valhalla, signifie "salle des morts". Il y avait deux barrières importantes à l'entrée du Valhalla : Thund, une rivière rugissante, et Valgrind, une porte barrée.

La salle elle-même était si grande que, selon certains récits, elle comptait 540 portes. Chacune de ces portes était si large que des armées de guerriers pouvaient défiler entre ses portails, 800 de front. (Selon d'autres récits, le Valhalla comptait jusqu'à 640 portes, chacune étant suffisamment large pour accueillir 960 guerriers). Les vierges d'Odin, les Valkyries, recueillaient les âmes de ces vaillants guerriers qui avaient été fidèles à Odin lorsqu'ils tombaient sur les champs de bataille, et les amenaient au Valhalla. Les hommes tués pouvaient reconnaître l'énorme salle lorsqu'ils volaient vers elle, grâce à ses chevrons faits de lances et à ses tuiles faites de boucliers. À l'intérieur, les bancs des longues tables de banquet étaient recouverts de cottes de mailles.

Pour atteindre Asgard, il fallait traverser le Bifrost, le pont arc-en-ciel qui reliait le royaume des dieux à Midgard, la demeure des humains.

Questions de recherche

---

1. Comment est Asgard ?
2. Quels sont les métiers que l'on peut exercer à Asgard ?

Valhalla

Le hall des guerriers tombés au combat

Le Valhalla est la salle de banquet où le dieu principal, Odin, accueillait les Einherjar, les âmes des guerriers qui avaient trouvé une mort courageuse au combat.

Valhalla était le plus grand bâtiment d'Asgard, la demeure céleste des dieux, et constituait l'un des 12 royaumes d'Asgard. Les Einherjar y festoyaient en attendant la bataille finale du monde, le Ragnarok. Les Einherjar ont été amenés au Valhalla par les jeunes filles guerrières d'Odin, les Valkyries, qui ont été envoyées par Odin pour recueillir les âmes des héros tombés sur les champs de bataille.

Le nom Valhalla est dérivé du terme vieil islandais Valhöll, qui signifie "salle des morts". Les Vikings nordiques étaient un peuple de guerriers, et dans leur religion guerrière, les histoires de Valhalla jouaient un rôle important. Il n'y avait pas d'autre "paradis", et les guerriers qui ne mouraient pas vaillamment au combat allaient dans le monde souterrain, sombre et misérable. Et contrairement au concept chrétien du paradis, le Valhalla lui-même n'était pas un lieu de récompense éternelle.

Les entrées du Valhalla étaient protégées par la barrière naturelle de la rivière Thund et la porte barrée Valgrind. Selon un récit, le hall lui-même était si grand qu'il comptait 540 portes, chacune étant si large que 800 guerriers pouvaient la franchir de front. Selon un autre récit, le nombre de portes était de 640, chacune étant suffisamment large pour que 960 guerriers puissent la franchir.

L'énorme salle de Valhalla avait des chevrons faits de lances et des tuiles faites de boucliers. À l'intérieur de la salle, les bancs des longues tables de banquet étaient recouverts de cottes de mailles. Les Valkyries apportaient de plus en plus de guerriers tués dans la salle, mais il y avait toujours plus qu'assez de nourriture et de boissons pour tout le monde.

Au Valhalla, Odin rassemblait chaque jour ses champions guerriers autour de lui. À l'aube, ils sortaient, revêtus de leur cotte de mailles, et combattaient dans la plaine d'Asgard pour entretenir leur habileté et les préparer au jour où ils livreraient la bataille finale, le Ragnarok. Les guerriers appréciaient ces batailles, même lorsqu'ils étaient blessés ou tués. Après l'entraînement, ceux qui avaient été abattus se relevaient miraculeusement, prêts à reprendre le combat le lendemain matin. Puis ils retournaient tous au Valhalla pour festoyer et s'amuser.

Les Valkyries servaient la nourriture aux Einherjar, et il y avait toujours plus qu'assez de nourriture au Valhalla. Chaque matin, le cuisinier Andrimne, ou Andhrimnir, préparait un ragoût avec la viande du sanglier Særimne, ou Saehrimnir, dans l'énorme chaudron Eldrimne, ou Eldhrimnir. Chaque soir, le sanglier était à nouveau entier et vivant et pouvait être cuisiné à nouveau le jour suivant.

Il y avait beaucoup de boisson dans ce "paradis" des guerriers. Les Einherjar faisaient descendre leur viande avec de l'ale et de l'hydromel pétillant. L'hydromel était produit comme le lait des mamelles de la chèvre Heidrun. Cette chèvre se tenait sur le toit du Valhalla, grignotant les branches de l'arbre Lærad, ou Laeradr. Les prodigieuses quantités d'hydromel s'écoulaient de Heidrun vers un récipient si grand que tout le monde avait tout ce qu'il pouvait boire. Odin lui-même ne mangeait pas, mais le dieu borgne était assis à la tête du festin avec ses deux corbeaux, Huginn (pensée) et Muninn (mémoire), perchés sur chaque épaule ; pendant que les guerriers festoyaient ensemble, les corbeaux lui apportaient des nouvelles du monde. Les deux loups d'Odin, Geri (Greddy) et Freki (Fierce), étaient assis à ses pieds, et Odin leur donnait toute sa nourriture. Il buvait cependant du vin, qui fournissait toute la nourriture dont le dieu avait besoin.

Selon la légende, ce schéma de combats et de festins se répéterait jusqu'au Ragnarok, lorsque le chant du coq Gullinkambi (Peigne d'or) signalerait le début de la grande bataille entre les dieux et les puissances du mal. Les Einherjar sortiraient alors du Valhalla pour se battre aux côtés d'Odin et des autres dieux, tandis que leurs malheureux homologues des enfers devraient se battre aux côtés des monstres et des géants.

Questions de recherche

---

1) Qui est le souverain du Valhalla selon la mythologie nordique ?
2) À quoi ressemble le Valhalla, d'après vous ?
3) Qui choisiriez-vous d'inviter au Valhalla ?
4) Si vous aviez le choix, quel plan d'existence de la mythologie nordique préférez-vous, et pourquoi ?

Norns

*Leurs noms étaient Urd (également orthographié Urdr, ou Weird,
signifiant "passé"), Verdande ("présent") et Skuld ("futur").*

Trois êtres féminins qui régissent le destin des dieux et des hommes.

---

*Les Nornes ont des parallèles dans les trois Parques
(Parcae) de la mythologie grecque et romaine ; on
pense donc qu'elles sont nées avant le développement
des légendes d'Odin et qu'elles pourraient être
d'origine indo-européenne.*

Les Nornes sont trois sages fileuses qui déterminent la durée de chaque
vie. L'une d'entre elles filait le fil de chaque vie, une autre mesurait sa
longueur et la troisième décidait du moment où le fil devait être rompu.

Elles étaient représentées sous la forme de vieilles sorcières aux têtes
grises et étaient respectées de tous pour l'immense pouvoir qu'elles
possédaient sur le destin des dieux et des humains. Une fois que les

Nornes avaient décidé du destin de quelqu'un, ce destin ne pouvait être changé. Même le dieu principal, Odin, était soumis à leur pouvoir.

Les Nornes vivaient dans une grande salle d'Asgard, près du puits d'Urd (Urdarbrunn, ou puits de l'étrange). Ces trois Nornes s'occupaient de la santé de l'arbre du monde, Yggdrasil. Elles l'empêchaient de dépérir. Chaque jour, elles puisaient de l'eau du puits d'Urd et l'aspergeaient sur l'arbre, et elles plaquaient de l'argile du puits sur le tronc de l'arbre aux endroits où l'écorce avait pourri ou avait été mangée par les animaux. Les racines et les branches d'Yggdrasil reliant tous les mondes et assurant la cohésion de l'univers, les Norns étaient donc chargées de préserver le tissu de toute la création.

Selon la Prose (ou jeune) Edda, si Urd, Verdande et Skuld étaient les principales Nornes, il en existait beaucoup d'autres, certaines bonnes et d'autres mauvaises, et chaque fois que quelqu'un naissait, une Norn était présente, qui façonnait la vie de cette personne et déterminait son destin.

Même les origines des Nornes pouvaient être différentes ; certaines étaient d'origine divine, d'autres provenaient des elfes et des nains. Les bonnes Norns, celles de noble parenté, étaient censées façonner de bonnes vies, tandis que les mauvaises Norns étaient responsables du malheur.

Questions de recherche

1) Qui est l'un de vos personnages ou dieux/déesses préférés de la mythologie nordique, et pourquoi ?
2) Quels sont les faits amusants sur la mythologie nordique ?

Hel
Le nom du monde des morts

Hel est le royaume des morts, présidé par la déesse du même nom.

Le mot *hel en* vieux norrois est dérivé du mot *halja, qui* signifie "lieu de dissimulation" et qui, par extension, inclut la tombe ou le monde souterrain. Les peuples nordiques concevaient Hel comme un lieu de brouillard dense et de froid intense, associé à la vaste terre gelée primordiale connue sous le nom de Niflheim.

L'entrée de Hel depuis le monde des vivants était une grotte noire entourée de falaises et de ravins abrupts et inquiétants, gardée par Garm, un chien vicieux et sanguinaire.

Selon la "Prose (ou jeune) Edda", le dieu Hermod se rendit à Hel pour ramener d'entre les morts le dieu condamné Balder. Bien qu'il ait chevauché le cheval le plus rapide du monde, Sleipnir, le voyage lui a pris neuf nuits, traversant des vallées si sombres et profondes qu'il ne pouvait rien voir. Puis il arriva à la rivière Gjol (également orthographiée Gioll ou Gjoll) dont le nom signifie "hurlement".

Il fallait traverser le pont de Gjol, qui était recouvert d'or brillant et gardé par une jeune fille appelée Modgud (ou Módgudr). Elle demandait à ceux qui souhaitaient le traverser leur nom et leur lignée. Au-delà du pont, on continuait vers le bas et le nord, sur une route menant à une énorme porte verrouillée. C'était la porte de Hel. Comme Hermod chevauchait Sleipnir, il était capable de sauter par-dessus la porte.

A l'intérieur de la porte se trouvait la salle de la déesse Hel. C'est ici qu'elle vivait, en tant que souveraine des enfers, et accueillait les morts qui venaient dans son domaine. Selon certains témoignages, tous ceux qui mouraient de maladie ou de vieillesse étaient destinés à aller à Hel.

D'autres récits soulignaient que Hel était un lieu de punition pour les criminels et, en particulier à l'époque des Vikings, un lieu où les guerriers qui ne mouraient pas au combat, et ne pouvaient donc pas entrer au Valhalla, demeuraient dans la misère jusqu'au Ragnarok, la fin du monde. Au moment du Ragnarok, ils étaient appelés à marcher dans leurs légions et à suivre le maléfique Loki dans sa lutte contre les dieux.

Questions de recherche

1) Que représente Hel ?
2) Qu'est-ce qui détermine si quelqu'un entre ou non dans le Valhalla ou le Hel ?

Ragnarok

La bataille du bout du monde

Ragnarok désigne la bataille de la fin du monde ; littéralement, "le destin des puissances divines". Selon la tradition nordique, à la fin du monde, il y aurait une terrible bataille entre les forces du bien et du mal.

Les dieux et leurs alliés se battraient jusqu'à la mort contre leurs ennemis de toujours, les géants et les monstres. Non seulement les dieux et les géants périront dans cette conflagration apocalyptique, mais tout l'univers sera déchiré.

Dans les sociétés de guerriers vikings, mourir au combat était un destin à admirer, et cela se transposait dans le culte d'un panthéon dans lequel les dieux eux-mêmes n'étaient pas éternels, mais seraient un jour renversés, au Ragnarok. Les peuples nordiques savaient exactement ce qui se passerait, qui combattrait qui et quels seraient les destins des participants à cette bataille, grâce à leurs propres sagas et à la poésie skaldique.

Les signes de l'arrivée du Ragnarok seraient évidents pour tous. Tout d'abord, il y aurait de grands conflits pendant trois hivers, au cours desquels le tissu social se briserait ; les frères s'entretueraient, les pères et les fils s'assassineraient les uns les autres, les vœux ne seraient plus respectés, et la dépravation et le chaos augmenteraient partout.

Ensuite, trois hivers se produiraient simultanément, sans été entre eux. Ce sera l'hiver Fimbul (hiver mystérieux ou monstrueux) ; une neige envahissante volera dans toutes les directions, accompagnée de gelées terribles et de vents violents comme des blizzards.

Le loup qui poursuit perpétuellement le soleil l'attraperait et l'avalerait, et l'autre loup du ciel attraperait la lune. Les étoiles disparaîtraient. Puis la Terre entière tremblerait, les arbres seraient déracinés et les montagnes s'effondreraient, provoquant la rupture de toutes les entraves et de tous les liens. Cela libérerait les monstres - y compris le loup Fenrir et son père, Loki - qui avaient été liés par les dieux. Les yeux et les narines de Fenrir brûleraient de feu, et les mâchoires béantes de sa gueule ouverte racleraient la Terre et le ciel.

L'océan remonterait sur les terres parce qu'un autre des fils de Loki, le serpent Jormungand, sortirait de son lit océanique profond et s'élèverait sur les terres dans sa rage, souillant le ciel et la mer avec son poison. L'horrible bateau Naglfar, fait d'ongles d'hommes morts, serait détaché de ses amarres et transporterait une armée de géants des glaces, avec leur capitaine, Hrym, à la barre.

Au milieu de cette agitation, le ciel s'ouvre et les géants du feu en sortent, menés par Surt et son épée flamboyante. Tout ce qui se trouve sur leur chemin s'enflamme. Les géants du feu chevaucheront le Bifrost, le pont arc-en-ciel menant au ciel, et le détruiront dans les flammes en le traversant.

Les forces du mal, dont Loki, à la tête d'une armée de toutes les âmes ayant séjourné à Hel, se rassembleraient sur un énorme champ appelé Vigrid. Heimdall serait le premier des dieux à voir l'ennemi approcher, et il soufflerait puissamment sur Gjallarhorn pour alerter tous les dieux. Ils se réuniraient rapidement en parlement, et Odin chevaucherait jusqu'au puits de Mimir pour consulter Mimir en son nom et au nom de son peuple.

Alors l'arbre du monde, le frêne Yggdrasil qui relie et soutient toutes les parties de l'univers, gémirait et tremblerait, et toutes les créatures deviendraient craintives. Les dieux Ases revêtiraient leur tenue de combat. Odin conduirait les Einherjar, les âmes des héros morts, dans la bataille, portant son casque d'or, sa cotte de mailles et sa lance, Gungnir. Thor avancerait aux côtés d'Odin.

Odin attaque le gigantesque loup Fenrir. Thor ne pourrait pas aider son père car il serait engagé par son vieil ennemi Jormungand. Frey combattrait Surt et serait tué faute de son épée magique.

Le chien de l'enfer Garm combattit Tyr et ils s'entretuèrent. Thor sera victorieux du serpent, mais tombera mort sur le sol à cause du poison que le serpent lui a craché, après s'être éloigné de neuf pas seulement de son corps.

Fenrir avale Odin. Aussitôt, Vidar, le fils d'Odin, s'avance et marche sur la mâchoire inférieure du loup. D'une main, il saisit la mâchoire supérieure du loup et lui déchire la bouche, le tuant enfin. Loki combat le dieu Heimdall, et tous deux meurent.

Après cela, Surt jettera le feu sur la Terre et brûlera le monde entier. Les humains périront avec les dieux et toutes les autres créatures. Mais le mal périrait également et, selon les deux Eddas, un univers meilleur et pacifique verrait le jour après la destruction de l'ancien.

Une nouvelle Terre émergerait de la mer, verte et grandissante, et les cultures pousseraient sans avoir été semées. La prairie d'Idavoll, dans l'Asgard désormais détruite, aurait été épargnée. Le soleil réapparaîtrait car avant d'être avalé par le loup, Alfrodul (autre nom du soleil) donnerait naissance à une fille aussi belle qu'elle, et cette jeune fille suivrait la route de sa mère dans le nouveau ciel.

Quelques dieux auraient également survécu : Les fils d'Odin, Vidar et Vali ; les fils de Thor, Modi et Magni, qui possèdent désormais le marteau magique de leur père, Mjolnir ; et surtout, Balder et son frère Hod, qui remontent de Hel et habitent l'ancienne salle d'Odin dans les cieux.

Ces survivants s'asseyaient ensemble, discutaient de leurs mystères, et parlaient des choses qui s'étaient passées. Dans l'herbe d'Idavoll, ils trouvaient les pièces d'or que les Ases avaient utilisées pour jouer aux dames.

Les humains réapparaîtraient car deux d'entre eux, Lif et Lifthrasir, auraient survécu en se cachant pendant le cataclysme, dans un endroit appelé Hoddmimir's Holt, un petit bosquet d'arbres. Ils vivraient de rosée du matin et repeupleraient le monde des humains et vénéreraient leur nouveau panthéon de dieux, dirigé par Balder.

Il y aurait encore de nombreuses salles pour abriter les âmes des morts. Selon la PROSE EDDA, un autre ciel existait au sud et au-dessus d'Asgard, appelé Andlang, et un troisième ciel plus haut, appelé Vidblain ; et ces endroits offriraient une protection pendant que les feux de Surt brûleraient le monde. Selon les deux EDDAS, après Ragnarok, la salle de Gimle serait le meilleur endroit pour être au paradis.

Brimir, un autre endroit du ciel, serait une salle où l'on servirait beaucoup de bonnes boissons. Une salle appelée Sindri, construite en or rouge, abriterait les âmes des bons et des vertueux. La PROSE EDDA mentionne également Nastrand (ou Nastrond, "le rivage des cadavres"), une grande salle orientée vers le nord dont les murs seraient tissés de serpents.

Les têtes des serpents étaient toutes tournées vers l'intérieur de la salle, crachant du poison, de sorte que des rivières de poison coulaient à l'intérieur. Ici, les âmes des meurtriers et des briseurs de serment seraient forcées de patauger dans ces ruisseaux de poison pour toujours. Et dans le pire endroit de tous, Hvergelmir, le serpent Nidhogg, lui aussi survivant apparent du Ragnarok, tourmenterait les corps des morts.

Questions de recherche

---

1. Que pensez-vous de Ragnarok ?
2. Quelles sont les deux forces qui s'affrontent dans la mythologie nordique ?
3. Si je pouvais te dire quelque chose sur Ragnarok que les gens ne savent pas, ce serait quoi ?

Aesir

Également orthographié Æsir.

La principale race de dieux, dirigée par Odin

Les Aesir sont l'un des deux groupes de dieux distincts, les Aesir et les Vanir. Les Aesir étaient principalement des dieux de la bataille, tandis que les Vanir étaient associés à l'agriculture, la santé et la prospérité.

Les récits de la littérature nordique sont principalement ceux des héros Aesir, les dieux guerriers, bien qu'ils mentionnent également quelques dieux Vanir qui vivaient parmi les Aesir. Les Ases vivaient dans un royaume céleste appelé Asgard.

Les premiers Ases étaient le féroce Odin, le dieu principal, et ses deux frères, Vili et Ve, qui ont créé ensemble les premiers humains. L'épouse d'Odin, Frigg, et tous leurs descendants, ainsi que de nombreux autres dieux et déesses, faisaient également partie des Ases.

Parmi eux se trouvaient le combattant et dieu du tonnerre Thor, le dieu Balder, beau mais condamné, Bragi, le dieu de la poésie, Forseti, le dieu de la justice, Heimdall, le gardien des dieux, le dieu de la guerre Tyr, Idunn, le gardien des pommes de la jeunesse, Sif, l'épouse de Thor aux cheveux d'or, le dieu de l'hiver Ull, Vali, le vengeur, Vidar, le dieu du silence, et la déesse de la terre Jord.

Selon la tradition, il y a longtemps, les Ases et les Vanirs se sont fait la guerre. Selon un récit, la guerre a commencé lorsque les Vanir ont attaqué les Aesir parce que ces derniers avaient torturé la déesse Gullveig, une prêtresse ou sorcière Vanir. Les Vanir outragés ont exigé une satisfaction monétaire ou un statut égal à celui des dieux. Mais les Ases ont refusé et ont déclaré la guerre aux Vanirs. Les deux camps se sont battus avec courage, et malgré leurs prouesses au combat, les Ases ont subi de nombreuses défaites. La plupart des récits disent que la guerre s'est terminée par une trêve, aucun des deux camps n'ayant pu remporter une victoire décisive.

Il fut convenu que pour préserver la paix, chaque camp prendrait des otages chez l'autre. Ainsi, les dieux Ases Hoenir et Mimir furent envoyés vivre parmi les Vanes, tandis que le dieu de la mer Njord et ses deux enfants, Frey et Freya, s'installèrent parmi les Ases. Par la suite, ces dieux du Vanir devaient être associés aux Ases.

La paix fut symboliquement restaurée par un rituel au cours duquel les deux parties crachèrent dans Odherir, un chaudron magique, mêlant leur salive. De leurs crachats combinés naquit un dieu-poète nommé Kvasir, qui était le plus sage des sages. Dans certains récits, Kvasir était lui-même un nain, dans d'autres, il a été tué par des nains. Son sang fut mélangé à du miel et il en résulta un hydromel magique qui permettait à quiconque le buvait de parler avec poésie et sagesse.

Les Aesir et les Vanir avaient un ennemi commun : les géants des glaces. Ces géants étaient les descendants du plus vieux géant, Ymir.

Les Aesir et les Vanir étaient tous deux condamnés à être détruits lors du Ragnarok (la fin du monde). Le jour du Ragnarok, les forces du mal - y compris les géants des glaces et autres monstres - s'engageraient dans un combat à mort contre les dieux et leurs alliés.

Les Einherjar, les âmes des guerriers morts au combat et amenés au Valhalla par les valkyries d'Odin, devaient combattre ce jour-là aux côtés des dieux dans cet ultime conflit apocalyptique. Les histoires des guerriers

Ases sont racontées dans l'Edda poétique (ou ancienne) et l'Edda en prose (ou jeune).

Les chercheurs ont émis l'hypothèse que les Ases et les Vanes pourraient représenter deux cultures distinctes qui se sont mélangées au début de l'histoire nordique, et que l'ancienne bataille mythique entre les Ases et les Vanes et leur trêve finale pourraient refléter au moins en partie la fusion historique des deux groupes. L'historien islandais Snorri Sturluson pensait que le mot Aesir pouvait être dérivé du mot Asie ; le Vanir pouvait être un groupe entrant en Europe depuis l'Asie Mineure.

La prééminence des Ases héroïques dans la mythologie et la littérature des Eddas nordiques pourrait bien être liée à la montée en puissance de l'aristocratie guerrière durant l'âge Viking, une époque où une religion guerrière était susceptible d'étendre son influence et de dominer une société plus sédentaire et agricole telle que celle associée aux Vanes.

Questions de recherche

---

1) Que pensez-vous que les géants pensent des dieux aesirs ?
2) Quelle divinité a été chassée d'Asgard par un autre dieu ?
3) Quel est le dieu ou la déesse d'Aesir nordique que vous préférez le moins ?

Balder

Également orthographié Baldur ou Baldr.

Dieu de la beauté, de l'amour, de la pureté, de la paix et de la justice.

Balder est le deuxième fils d'Odin. Très apprécié des Vikings, Balder était connu sous le nom de Balder le Bon ; il était l'incarnation de la beauté, de la justice et de la gentillesse. Balder n'avait aucun défaut et ne nourrissait de malveillance envers personne.

Balder était l'époux de la déesse Nanna et le père de Forseti, le dieu de la justice et de la conciliation. Il vivait dans un manoir dans le ciel appelé Breidablik (large éclat), un lieu où aucune chose impure ou mauvaise n'était permise.

L'histoire de la mort de Balder, racontée dans la "Prose (ou jeune) Edda", est l'un des mythes nordiques les plus complets qui subsistent. Balder rêvait qu'il était en grand danger. Il a raconté son rêve aux autres dieux et déesses, qui ont réuni leur conseil à Asgard pour délibérer sur ce qu'il fallait faire. Ils décidèrent que pour empêcher la réalisation de ces rêves, ils demanderaient à tout ce qui existe au monde de ne pas lui faire de mal.

Frigg, la mère de Balder, a voyagé partout sur la Terre, obtenant des serments de toutes les créatures et de toutes les choses - y compris les animaux, les oiseaux, les serpents, les serpents, le feu, l'eau, le fer, les minerais, les arbres, les pierres et les poisons - jurant qu'ils ne feraient pas de mal à Balder, puisque Balder n'avait jamais fait de mal à un seul être. Après ce serment, les dieux se sentirent plus en sécurité.

Comme rien ne pouvait blesser Balder, les dieux commencèrent à s'amuser en lui lançant des armes et des flèches pour le plaisir. Tout ce qu'ils lui lançaient était simplement dévié.

Mais Loki, le dieu du feu rusé, n'était pas content que Balder soit immunisé contre les blessures. Il se déguisa en vieille femme et alla voir Frigg, gagnant sa confiance. Frigg avoua qu'elle avait fait une exception au serment : la fine pousse d'un gui, parce qu'elle lui avait semblé trop jeune pour devoir faire un vœu.

Loki sortit immédiatement, ramassa un arbre de gui, et le ramena à l'assemblée où les dieux étaient encore en train de se divertir. Loki s'approche du dieu aveugle Hod (ou Hoder), un autre des fils d'Odin, qui se tient à l'extérieur de la foule. Il donna à Hod la tige de gui et se proposa de guider son tir. Le missile traversa Balder, qui tomba mort sur le sol.

Les dieux, accablés par le choc et le chagrin, envoyèrent le fils d'Odin, Hermod le martinet, aux enfers pour arracher Balder à Hel, la reine des enfers. Hel n'était pas indifférente ; elle a dit qu'elle permettrait à Balder de retourner à Asgard si toutes les choses du monde, vivantes et mortes, pleuraient pour lui, mais que si une seule chose refusait ou s'y opposait, Balder devait rester aux enfers.

Les dieux ont envoyé des messagers aux quatre coins du monde. Seule une géante refusa de pleurer Balder. Elle disait s'appeler Thokk (ou Merci), mais on pensait qu'elle était Loki déguisé. Balder dut donc rester dans les enfers. Après sa mort, on disait qu'il n'y avait plus de bonheur, de justice ou de beauté parfaite dans le monde.

Loki fut capturé et lié pour ses mauvaises actions, pour ne plus être libéré jusqu'à la grande bataille de Ragnarok. Après cette bataille de la fin du monde, il y aurait une renaissance de la Terre, et Balder retournerait vivre au paradis.

Questions de recherche

---

1) Quels sont les autres faits que vous connaissez sur Baldr ?
2) Pourquoi Loki a-t-il tué Baldr (Baldur) ?

Bragi

Dieu de la connaissance, de la poésie, de l'éloquence et patron des skalds.

Bragi est le dieu de la poésie. Il était vénéré pour sa sagesse, son éloquence, sa capacité à composer et à réciter, et sa connaissance de la poésie. Il était également le dieu des cérémonies et le dieu des skalds (bardes).

Selon la "Prose (ou jeune) Edda", c'est à cause de Bragi que la poésie était appelée brag, et une personne, quel que soit son sexe, était dite brag (chef) des hommes ou des femmes si elle excellait en éloquence.

L'épouse de Brag était la déesse Idunn, qui conservait les pommes de jouvence que les dieux mangeaient pour éviter de vieillir. Ainsi, la poésie était liée à la source de la jeunesse éternelle.

Bragi est également le nom d'un célèbre poète norvégien du IXe siècle, le skald Bragi Boddason, qui a inventé un certain type de strophe. Il est possible qu'il ait été déifié après sa mort ; le dieu Bragi semble être un développement tardif dans l'imaginaire scandinave, et Odin, le dieu principal, a également été identifié comme le dieu patron de la poésie skaldique.

Questions de recherche

---

1) Quels sont vos faits préférés concernant Bragi ?
2) Quelle est, selon vous, la relation entre les trolls et les dieux nordiques ?

Forseti

Également orthographié Forsete.

Dieu de la justice

Forseti est le dieu de la justice et de la conciliation. Il est le fils de Balder, dieu malheureux mais bien-aimé, et de sa femme, Nanna. La demeure de Forseti à Asgard (le ciel) était une grande salle appelée Glitnir, soutenue par des piliers d'or et dotée d'un toit d'argent.

C'est là que Forseti entendait les affaires et réglait tous les litiges, aussi difficiles soient-ils, à la satisfaction de tous.

Questions de recherche

1) Quelle est la différence entre un dieu et une déesse ?
2) Quel est votre nom viking ou nordique préféré ?

Heimdall

Également orthographié Heimdal ou Heimdallr.

Dieu tutélaire

Heimdall est l'un des Ases, le gardien des dieux, le gardien du royaume céleste d'Asgard et le maître des lieux saints. Son père était le dieu principal, Odin, et selon la "Prose (ou jeune) Edda", il n'avait pas une mais neuf mères, des jeunes filles qui étaient des sœurs.

Heimdall était beau, sa peau brillait de mille feux. Ses dents étaient en or massif. On l'appelait aussi Hallinskidi, Gullintanni (Dents d'or), et, lorsqu'il visitait le monde des humains, Rig.

Heimdall était le dieu parfait pour servir de sentinelle, car il avait besoin de moins de sommeil qu'un oiseau, et parce que ses sens étaient très aigus : il pouvait voir à une distance de cent lieues aussi bien de nuit que de jour ; il pouvait entendre tous les sons, même celui de l'herbe qui pousse sur la terre et de la laine qui pousse sur les moutons.

Heimdall montait un cheval appelé Gulltopp, et son épée était Hofund (Tête). Il avait un palais appelé Himinbjorg (Falaise du Ciel) qui se trouvait près de Bifrost, le pont arc-en-ciel qui reliait le royaume des dieux (Asgard) au royaume des hommes (Midgard). Heimdall y montait la garde pour protéger Asgard contre l'empiètement des géants. Il possédait une trompette appelée Gjallarhorn (Corne Clangoureuse) dont le son pouvait être entendu jusqu'aux confins de l'univers. Selon la légende, Heimdall serait le premier dieu à voir les armées de géants et de monstres se rassembler pour attaquer Asgard lors du Ragnarok, la bataille de la fin du monde. Avec Gjallarhorn, il sonnerait l'alerte de leur approche. Malgré ses responsabilités, Heimdall pouvait être amusant ; il aimait boire de l'hydromel dans sa belle salle de banquet à Himinbjorg.

Heimdall était le dieu de la clarté et des utilisations bénéfiques du feu, et en tant que tel, il s'opposait au méchant dieu du feu Loki. Loki aimait se moquer du veilleur diligent, et les deux étaient en conflit permanent. Dans certains poèmes nordiques, Heimdall est appelé "l'ennemi de Loki". Dans un conte, Loki vola le fabuleux collier Brisingamen que la déesse Freya avait acquis auprès des nains, et l'emporta en mer pour le cacher. Mais Heimdall, déguisé en phoque, est parti à la nage pour le récupérer.

Loki se transforma alors en phoque lui aussi, et les deux luttèrent. Heimdall récupéra le collier de son adversaire sournois et le rendit à la déesse. Lors du Ragnarok, la bataille de la fin du monde, Heimdall et Loki furent condamnés à se battre à mort, chacun tuant l'autre.

Le laïus Eddique "Rigsthula" raconte que Heimdall était responsable de la naissance des trois classes sociales : les paysans, les fermiers et les artisans, et la noblesse. Sous le nom de Rig, il voyagea à travers Midgard, le monde des humains, pour voir comment se portaient les descendants d'Ask et d'Embla, les premiers humains. Rig arriva dans la pauvre hutte d'Ai (arrière-grand-père) et d'Edda (arrière-grand-mère) et bien qu'ils aient peu de choses, ils furent hospitaliers envers le charmant dieu.

Pendant trois jours, Rig mangea avec eux, et la nuit, il dormit avec eux deux. En temps voulu, Edda donna naissance à un fils fort nommé Thrall, qui épousa une fille travailleuse nommée Esne, et leurs descendants furent tous les paysans et ouvriers du monde. Rig continua ses voyages et arriva dans une ferme où vivaient Afi (grand-père) et Amma (grand-mère), et pendant trois jours, il mangea et dormit avec eux.

En temps voulu, Amma donna naissance à un fils nommé Freeman, constructeur, forgeron et agriculteur, qui épousa un bon boulanger et tisserand nommé Hussif ; leurs enfants devinrent les artisans, agriculteurs et propriétaires terriens du monde. Rig continua sa route, rencontrant

Père Squire et Mère Lady, et mangea avec eux dans leur belle demeure, et dormit avec eux dans leur lit luxueux.

En temps voulu, Lady donna naissance à un garçon nommé Earl, un chasseur et cavalier, qui épousa une riche et belle musicienne nommée Princesse, et leurs enfants devinrent les rois et reines du monde. Rig enseigna à Earl les secrets des runes afin que lui et sa progéniture puissent être de sages dirigeants. Puis Rig retourna à Asgard, satisfait de sa progéniture.

Questions de recherche

---

1) Avez-vous déjà lu une bande dessinée sur la mythologie nordique ? Si oui, quelle est, selon vous, l'histoire la plus intéressante qu'elle contient ?
2) Quelle est la divinité de la mythologie nordique qui correspond le mieux à l'un de vos amis : Vili ou Thor ? Et pourquoi les choisis-tu ?

Hel

Déesse des morts et maîtresse des enfers.

Le mot anglais "hell" vient du nom de cette déesse nordique.

Hel est la déesse des morts et la souveraine des enfers. Elle est l'une des trois créatures monstrueuses auxquelles le dieu du feu Loki a donné naissance après avoir mangé le cœur d'une sorcière, la géante Angerbotha. Les frères et sœurs de Hel étaient le loup gigantesque Fenrir et Jormungand, le serpent maléfique qui s'enroulait autour du monde.

Selon la "Prose (ou Younger) Edda", après la naissance de Hel, le dieu principal, Odin, la jeta dans les sombres et glaciales étendues de Niflheim et lui donna autorité sur neuf mondes. Tous ceux qui mouraient de maladie ou de vieillesse lui étaient envoyés, et elle était tenue de les loger et de les nourrir. Elle avait de grandes demeures à Niflheim pour elle-même et pour héberger tous les morts qui s'y rendaient.

Les murs étaient exceptionnellement hauts, avec des portes énormes. Son hall s'appelait Elvidnir, ou Eliudnir (Misère), son plat Faim, son couteau Famine, et ses serviteurs et servantes Ganglati et Ganglot (dont les deux noms signifient "lent"). Le seuil où l'on entrait était appelé Stumbling-block, son lit était Sick-bed, et ses rideaux Gleaming-bale. Son chien de chasse, Garm, gardait la porte.

On pensait que Hel se nourrissait de la cervelle et de la moelle des humains. Hel avait une apparence féroce et facilement reconnaissable : moitié noire et moitié couverte de chair. Dans son comportement, elle était décrite comme plutôt abattue.

De temps en temps, elle quittait Niflheim et parcourait la Terre sur un cheval blanc à trois pattes, recueillant les nombreux morts de la peste ou de la famine. Le royaume de Niflheim lui-même était souvent appelé simplement Hel, du nom de la déesse.

Lorsque le dieu Balder, beau mais condamné, fut traîtreusement assassiné, Hel le logea dans une immense salle dorée, digne de son rang, et elle comprit la demande des dieux, formulée par le dieu Hermod, de voir Balder retourner au ciel. Elle accepta de libérer Balder du royaume des morts, mais seulement si toutes les créatures du monde le pleuraient. Comme la géante Thokk refusa de le pleurer, Balder fut contraint de rester à Hel.

Les spécialistes ont affirmé, sur la base des textes conservés, que Hel n'était pas considérée comme une divinité maléfique jusqu'à ce que les croyances nordiques commencent à être influencées par le christianisme. Avant cette période, elle n'était pas associée au dieu maléfique Loki. Le fait que ses deux frères étaient des monstres, pas même de forme humaine, alors qu'elle était considérée comme une déesse, soutiendrait cette affirmation.

Aucun stigmate de cruauté ne lui était attaché ; elle semblait plutôt être triste ou déprimée. Son palais était aussi imposant que les salles des dieux, et elle accueillait les âmes mortes qui venaient à elle avec courtoisie. Elles semblaient vivre paisiblement à Hel ; elles n'étaient ni torturées ni maltraitées d'aucune façon.

Néanmoins, à l'époque viking, l'accent a été mis sur les sujets de Hel en tant que criminels - meurtriers, voleurs, adultères - et autres personnes qui n'étaient pas mortes au combat et n'avaient donc pas été emportées par les Valkyries d'Odin vers le palais céleste de Valhalla. Dans cette tradition, les sujets de Hel sont tourmentés et misérables. Et selon la "Prose Edda", au moment du Ragnarok, la bataille de la fin du monde, Loki conduirait tous les gens appartenant à Hel dans la lutte contre les dieux.

À ce moment-là, d'autres créatures du domaine de Hel seront également lâchées sur le monde : le serpent Nidhogg, le loup Fenrir et le chien Garm.

Questions de recherche

---

1) Que peux-tu dire à tes amis sur Hel et Loki ? Quelle est la nature de leur relation ?
2) En quoi les dieux et déesses nordiques sont-ils différents ?

Hermod

Messager des dieux

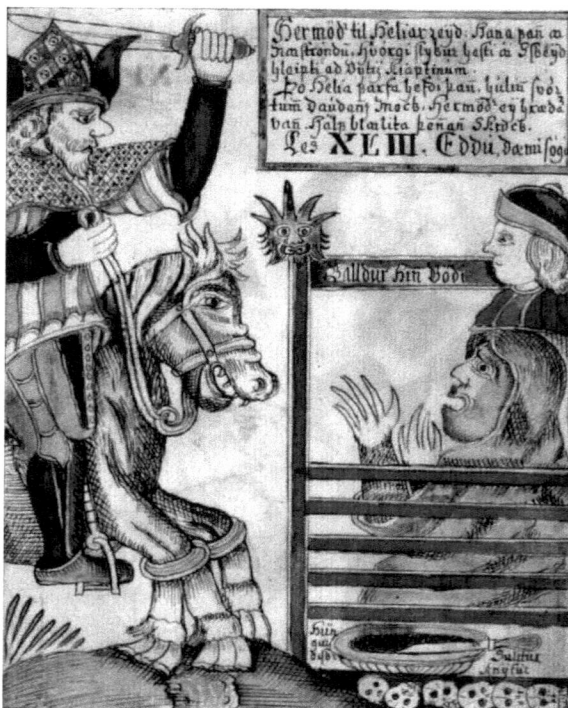

Hermod est le fils du dieu principal, Odin, et de sa femme, Frigg. Connu sous le nom de Hermod le rapide, il était appelé par les autres dieux lorsqu'ils avaient une tâche nécessitant rapidité et urgence.

Hermod portait un casque et une cotte de mailles qui lui avaient été donnés par Odin, et il portait toujours Gambantein, sa baguette ou son bâton magique. On l'appelait également Hermod le Téméraire, car il était courageux à la guerre et aimait les bons combats. Les Vikings croyaient qu'il attendait, avec Odin, à l'entrée du Valhalla pour accueillir les Einherjar, des guerriers morts vaillamment au combat.

Hermod apparaît à la fois dans le "Poetic (ou Elder) Edda" et le "Prose (ou Younger) Edda". C'est Hermod qui s'est porté volontaire pour parcourir tout le chemin depuis les hauteurs du ciel, Asgard, jusqu'à Hel, afin de tenter d'arracher son frère Balder à la reine des enfers (également nommée Hel). Il lui fallut neuf jours, sur le destrier d'Odin, Sleipnir, le cheval le plus rapide du monde, pour atteindre la rivière Gjol (également orthographiée Gioll ou Gjoll).

Il y rencontra Modgud (ou Módgudr), la jeune fille qui gardait le pont. Elle lui demanda pourquoi quelqu'un qui n'était pas encore mort voulait traverser la rivière pour aller à Hel, et elle lui dit que son frère était effectivement passé par là.

Hermod arriva alors à l'énorme porte de fer verrouillée de Hel. Hermod entraîna Sleipnir dans un saut géant par-dessus la porte. Une fois à l'intérieur, Hermod essaya de convaincre Hel que Balder devait être renvoyé dans le monde des vivants, car sa mort avait causé tant de chagrin.

Hel accepta de permettre à Balder de retourner à Asgard si toutes les choses du monde, vivantes ou mortes, pleuraient pour lui, mais si une seule chose refusait de pleurer, Balder devrait rester dans les enfers.

Hermod fit le long voyage de retour vers Asgard et dit aux dieux ce que Hel avait demandé. Les dieux envoyèrent des messagers aux quatre coins du monde pour leur annoncer la nouvelle, et tout pleura, à l'exception d'une géante nommée Thokk (merci), dont on pensait qu'elle était le dieu maléfique Loki déguisé. Balder dut donc rester dans les enfers.

Une autre fois, Odin, troublé par des prophéties, demanda à Hermod de se rendre au pays des Finnois pour voir Rossthiof (voleur de chevaux). Odin prêta à nouveau à Hermod son cheval rapide, Sleipnir, et lui donna également son bâton runique. Hermod se hâta de partir, et bien que Rossthiof ait invoqué des monstres pour l'arrêter, Hermod maîtrisa Rossthiof et refusa de le libérer tant qu'il n'aurait pas obtenu de réponses aux prédictions d'Odin. Rossthiof a accepté et Hermod l'a libéré.

Rossthiof se mit à marmonner des incantations, et aussitôt le soleil se cacha derrière des nuages, la terre trembla, et des vents de tempête se levèrent. Rossthiof pointa du doigt l'horizon et là Hermod vit un énorme flot de sang inondant le sol.

Une belle femme est apparue avec un garçon à ses côtés. Cet enfant grandit jusqu'à atteindre sa taille maximale, portant un arc et des flèches, sous les yeux d'Hermod. Rossthiof dit que le sang signifiait le meurtre d'un des fils d'Odin, mais que si Odin courtisait et gagnait la géante Rind (ou Rinda) dans le pays des Ruthènes (Russie), elle lui donnerait un fils qui atteindrait sa pleine croissance en un jour et vengerait la mort de son frère.

Hermod se précipita vers Odin et lui fit part du présage. En conséquence, Odin rechercha Rind, qui devint la mère de son fils Vali. La prophétie se réalisa à la mort de Balder, lorsque Vali tua Hod pour le venger.

Questions de recherche

---

1) Que pensez-vous de ce dieu nordique ?
2) Avez-vous entendu des histoires sur Hermod ?

Hod

Également orthographié Höd, Hoder, ou Hodur.

Dieu de l'hiver et des ténèbres

Hod est un dieu aveugle, associé à la nuit et aux ténèbres. Hod était le fils du dieu principal, Odin, et de sa femme, Frigg. Il a été trompé par le dieu du feu Loki pour tuer son frère Balder, qui était le plus beau et le plus parfait des dieux.

Selon la mythologie nordique, après cet acte, le monde ne fut plus jamais aussi bon, aimant et juste qu'il l'était avant la mort de Balder. Malgré le fait que Hod, incapable de voir, ait été trompé pour commettre ce meurtre odieux, les dieux et les déesses ne pouvaient oublier que c'était sa main qui avait lancé l'arme. Hod fut donc tué pour venger la mort de Balder par un autre de ses frères, le dieu Vali.

Après cela, Balder et Hod étaient condamnés à vivre dans les enfers avec la déesse Hel, jusqu'au moment du Ragnarok, la bataille de la fin du monde. Selon la légende, au Ragnarok, ils reviendraient de la mort. Ils se réconcilieraient avec les quelques dieux survivants, y compris Vali, et régneraient dans un nouveau ciel, meilleur qu'auparavant.

1) Quels dieux ou déesses nordiques as-tu appris à l'école ?
2) Si tu avais des pouvoirs, quel genre de pouvoir voudrais-tu avoir d'une légende nordique ?

Hoenir

Également orthographié Hænir.

Dieu du silence, de la spiritualité, de la poésie et de la passion.

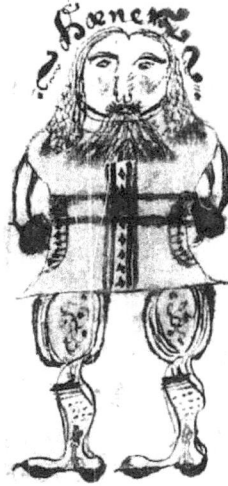

Hoenir est un dieu aesir et, avec Odin et Lothur, l'un des créateurs de l'humanité. Comme Odin, Hoenir était un fils de Bor et Bestla. On ne sait pas grand-chose de lui, bien qu'il soit mentionné à plusieurs reprises dans la littérature existante comme un compagnon de voyage d'Odin et de Loki. Il était considéré comme le camarade et le confident d'Odin et était un coureur rapide.

Aux côtés d'Odin et de Lothur, Hoenir assassina le géant du froid primordial Ymir et créa le monde, le ciel et la mer à partir du corps du géant. Il a également aidé à créer les deux premiers humains, l'homme Ask et la femme Embla, à partir de deux bûches de bois flotté qu'ils ont trouvées le long de la côte.

Selon le Voluspa, une épopée de l'Edda Poétique (ou Edda des Anciens), Hoenir, en particulier, leur a donné le don de la compréhension et le pouvoir de ressentir. Dans certains récits de la création du monde et des premiers humains, Hoenir est identifié comme le frère d'Odin et on lui attribue les actions du dieu Vili.

Hoenir fut l'un des dieux aesirs échangés comme otage aux dieux vanirs lors du règlement de paix après la guerre entre les deux groupes. Néanmoins, il est mentionné dans la "Prose (ou jeune) Edda" comme l'un des douze dieux Ases qui trônaient dans la salle de banquet d'Asgard.

Selon la "Prose Edda", lors d'un de leurs voyages d'exploration du monde, Odin, Loki et Hoenir ont rendu visite au roi des nains, Hreidmar. C'est cette aventure fatidique qui a conduit au vol de l'anneau du nain Andvari et à la malédiction qui lui a été imposée et qui est devenue la base d'une grande partie de l'intrigue du cycle d'opéra de Richard Wagner "L'anneau des Nibelungs".

Hoenir était également le compagnon d'Odin et de Loki lorsqu'ils entreprirent une mésaventure qui conduisit à l'enlèvement de la déesse Idunn par le géant des montagnes Thiassi. Sans Idunn, gardienne des pommes de la jeunesse, les dieux devinrent gris et vieux.

Selon la légende, après le Ragnarok, la bataille entre dieux et géants qui aurait lieu à la fin du monde, Hoenir irait dans un nouveau paradis, où il posséderait le don de prophétie.

Questions de recherche

---

1) Quelles sont les principales composantes d'un bon récit mythologique en général ?
2) Qu'est-ce qui vous a donné envie d'étudier ce type de connaissances (la mythologie) ?

Loki

Aussi appelé Loki Laufeyiarson.

Dieu du feu, de la magie, de la métamorphose et du chaos.

Loki est le dieu maléfique du feu, toujours malicieux, trompeur et intrigant, et l'un des personnages les plus connus de la poésie et de la saga nordiques. Comme son nom est dérivé de la racine germanique de la flamme, on pense que Loki était à l'origine un esprit du feu.

Loki était un personnage rusé et, en tant que métamorphe, il pouvait se transformer en différents animaux à volonté. Il était le père de deux fils, Nari (ou Narfi) et Vali, par sa femme, la déesse Asynjur Sigyn (Siguna). Mais comme il pouvait aussi prendre la forme du sexe opposé, il pouvait donner naissance à d'autres enfants, et c'est ainsi qu'il eut plusieurs autres descendants.

Dans la littérature qui subsiste, le nom de Loki est mentionné plus souvent que celui de n'importe quel autre dieu, et il est certainement l'une des conceptions les plus inventives du folklore. Il a participé à de nombreuses aventures des dieux, accompagnant souvent le dieu principal Odin, ou le fils d'Odin, le dieu du tonnerre Thor, dans leurs voyages, mais il était toujours en train de semer le trouble. Loki était capable de charmer tout le monde, malgré sa profonde ruse, par son intelligence et sa bonne mine.

Dans la "Prose (ou Younger) Edda", Loki est cité comme l'un des 12 dieux Ases. Cependant, à proprement parler, dans le panthéon nordique, Loki n'était pas un dieu mais un géant, puisqu'il était le fils du géant Farbauti (Dangerous Striker) et de la géante Laufey, ou Nal. C'est pourquoi il était parfois appelé Loki Laufeyiarson.

Loki avait des frères nommés Byleist et Helblindi. Bien qu'il soit généralement un antagoniste des dieux, il vivait parfois à Asgard, le royaume céleste des dieux. Les dieux et les géants étaient habituellement ennemis, mais à un moment donné dans un lointain passé, il avait prêté serment à Odin, ce qui faisait d'eux des frères de sang, et en raison de ces liens, les autres dieux appréciaient sa compagnie et toléraient ses excès et ses manigances jusqu'à ce qu'ils deviennent incontrôlables.

Loki était toujours en train d'imaginer de nouveaux angles d'attaque, parfois à l'avantage des dieux, mais souvent avec des conséquences désastreuses. Lorsque les dieux ont brûlé la géante Angerbotha en tant que sorcière, Loki a mangé son cœur et a été fécondé. Il donna naissance à trois enfants monstrueux qui menacèrent plus tard le monde : le loup Fenrir, le serpent Jormungand (le serpent de Midgard, ou serpent du monde), et la déesse Hel.

Odin jeta le serpent dans les profondeurs de la mer qui entourait le monde et installa Hel dans le monde souterrain pour en être la reine. Les Ases parvinrent à maîtriser l'énorme Fenrir, mais le dieu Tyr perdit sa main droite dans l'effort.

Selon la "Prose Edda", c'est Loki qui a imaginé un plan pour tromper l'architecte et le bâtisseur d'Asgard, un géant, et lui soutirer son paiement. Prenant la forme d'une jument, Loki séduisit l'étalon du géant,

Svadilfæri. Le cheval était indispensable pour achever les travaux dans les temps, et le badinage a retardé la tâche du géant. Dans ce cas, les dieux furent reconnaissants de l'intervention de Loki, car si le géant avait terminé à temps, ils auraient dû lui remettre le soleil, la lune et la belle déesse Freya. À la suite de cet épisode, Loki, devenu jument, donna naissance au cheval le plus rapide du monde, le Sleipnir à huit pattes.

Loki a joué un rôle dans la disparition de la déesse Idunn. Il l'a attirée hors d'Asgard pour qu'elle soit enlevée par le géant Thiassi. Comme Idunn était la gardienne des pommes d'or de la jeunesse, que les dieux devaient manger pour ne pas vieillir, ils étaient impatients de la récupérer, et ils ont donc forcé Loki à utiliser sa ruse et sa magie pour la récupérer à Jotunheim (Giantland).

Loki aida Thor à tromper le géant Thrym, qui avait volé le marteau magique du dieu du tonnerre, Mjolnir. Thrym voulait échanger le marteau contre Freya, et Thor lui-même y alla à sa place, se faisant passer pour la belle déesse. Loki l'accompagnait, déguisé en servante de Freya. Les réponses rapides de Loki aux questions de Thrym sur la mariée empêchèrent la ruse d'être découverte trop tôt.

Loki était un voleur expérimenté. Il a volé le célèbre collier Brisingamen de Freya et l'a caché dans la mer. Il s'est battu contre le dieu Heimdall lors d'une bataille au cours de laquelle ils ont tous deux pris la forme de phoques. Le dieu brillant Heimdall, gardien des dieux, était un adversaire particulier de Loki.

Leur animosité devait culminer au Ragnarok, la bataille de la fin du monde, lorsque les deux dieux s'engageraient dans un combat mortel et s'entretueraient.

Dans une autre histoire, Loki a coupé les magnifiques cheveux blonds de Sif, la femme de Thor. Thor était prêt à le tuer, et Loki, craintif mais toujours intrigant, promit de faire à Sif une meilleure chevelure en or pur qui prendrait racine et pousserait comme de vrais cheveux.

Après avoir calmé la colère de Thor avec cette promesse, Loki se rendit chez les Fils d'Ivald, des nains de la forge. Il leur fit fabriquer non seulement les cheveux d'or pour Sif, mais aussi un navire magique, Skidbladnir, et une lance magique, Gungnir, qui appartint plus tard à Odin. Mais Loki aimait parier, et il paria avec deux autres forgerons nains, Brokk et Sindri, qu'ils seraient incapables de forger des objets comparables à ceux fabriqués par les Fils d'Ivald. Brokk et Sindri forgèrent alors l'anneau magique Draupnir, un sanglier d'or, et Mjolnir, le marteau magique que Thor devait utiliser pour toujours. Mais pendant qu'ils travaillaient, Loki, qui s'était déguisé en mouche, les piquait continuellement pour les distraire afin de pouvoir gagner son pari.

Quand les dieux eurent vu tous ces objets merveilleux, ils déclarèrent que Brokk et Sindri avaient gagné. Loki disparut, mais Thor le rattrapa. Brokk voulait décapiter le dieu farceur, mais finalement, Loki l'a convaincu de simplement lui coudre les lèvres pour qu'il ne puisse plus se sortir des difficultés en parlant vite. Mais Loki retira péniblement les fils de ses blessures et fut à nouveau libre de mentir, et les dieux furent les bénéficiaires des merveilleuses créations magiques que les nains avaient réalisées.

Dans certaines histoires, Loki est simplement trop intelligent pour son propre bien ; dans d'autres, il accomplit des actes terribles par pure malice, jalousie et méchanceté.

Un poème de l'Edda poétique (ou ancien) décrit comment Loki s'est introduit dans un banquet donné par le dieu de la mer Aegir pour tous les dieux et déesses. Il n'avait pas été invité, mais comme il était poli, ils l'ont laissé rester. Puis il a commencé à insulter vicieusement chacun d'entre eux à tour de rôle, même s'ils essayaient d'être conciliants.

Comme Loki connaissait la plupart de leurs secrets, il était capable de les embarrasser sincèrement tous. Finalement, la femme de Thor, Sif, lui offrit un bol d'hydromel et lui demanda de cesser ses insultes. Loki le boit, mais révèle alors qu'il a eu une relation sexuelle avec Sif. Aussitôt, Thor apparaît, prêt à tuer Loki, et Loki commence à l'insulter à son tour. Finalement, craignant que Thor ne mette sa menace à exécution, Loki partit, toujours d'humeur massacrante, en disant que les dieux n'organiseraient plus jamais un tel banquet et en maudissant l'hôte, sa maison et tous ses biens en déclarant qu'ils seraient tous enflammés. Cette mention de la destruction par le feu laissait présager le rôle de Loki en tant que chef des forces du mal lors du Ragnarok.

Cependant, l'acte le plus terrible de Loki avant la fin du monde a été de provoquer, par la ruse et la pure malice, la mort de Balder, le fils beau et paisible d'Odin, que tous les autres dieux aimaient tendrement. Loki s'est déguisé en vieille femme et a trompé Frigg, la mère de Balder, pour qu'elle révèle la faiblesse de Balder, puis a trompé Hod, le frère aveugle de Balder, pour qu'il tue le dieu innocent.

Après la mort de Balder, Loki, déguisé en une géante nommée Thokk (Merci), était la seule créature de l'univers à refuser de pleurer la mort de Balder, ce qui signifiait que Balder devait rester à Hel jusqu'à la fin du monde.

Cette fois, Loki était allé trop loin, et les dieux, dans leur chagrin et leur colère, durent le punir. Sachant qu'ils le poursuivraient, Loki s'enfuit d'Asgard et se cacha dans une montagne. Au sommet de celle-ci, il construisit une maison qui lui servit de poste d'observation et d'où il pouvait voir dans toutes les directions. Mais il se transformait souvent en saumon et se cachait dans une chute d'eau appelée Franang (ou Franangr). Odin ne tarda pas à apercevoir la cachette de Loki depuis sa tour trône, Hlidskjalf, et les dieux le poursuivirent avec un filet de pêche.

Au début, Loki réussit à l'éviter, mais Thor, grâce à sa grande force, pataugea au milieu de la rivière jusqu'à ce que le filet atteigne presque la mer. Finalement, Loki, en tant que saumon, n'eut d'autre choix que de sauter par-dessus le filet, et alors qu'il le faisait, Thor s'empara de sa queue.

Une fois capturé, Loki a été emmené dans une grotte profonde. Les dieux prirent trois dalles de pierre, les placèrent sur le bord, et firent un trou dans chacune. Ils envoyèrent chercher les fils de Loki, Vali et Nari (ou Narfi).

Les dieux ont transformé Vali en loup, qui a immédiatement déchiré son frère en morceaux. Puis les dieux prirent les entrailles de Nari et les utilisèrent pour lier Loki à travers les pierres, avec une pierre sous ses épaules, une sous ses reins et une sous le dos de ses genoux. Une fois liées, ces cordes se sont transformées en fer.

La géante Skadi amena un serpent venimeux dans la grotte et le plaça au-dessus de la tête de Loki pour que son poison coule sur son visage. Ils le laissèrent là, et il y resterait jusqu'au moment du Ragnarok, où il se libérerait de ses liens, invoquerait toutes les âmes maléfiques de Hel, et mènerait les forces du mal dans la bataille contre les dieux. Mais jusque-là, il resterait lié, sa fidèle épouse, Sigyn, tenant une bassine au-dessus de lui pour recueillir les gouttes de poison.

Quand la bassine se remplissait, elle allait la vider, laissant le poison s'égoutter un court instant sur le visage de Loki. À ces moments-là, Loki se débattait dans ses liens et se secouait si fort dans son agonie qu'il faisait trembler la Terre. C'est l'explication nordique du phénomène des tremblements de terre.

Questions de recherche

---

1) Comment la personnalité de Loki peut-elle affecter sa capacité à accomplir des tâches complexes ?
2) Comment Loki se compare-t-il aux autres dieux nordiques ?
3) Quels sont trois aspects positifs de Loki, des enfants de Loki et/ou de la famille ?
4) Sous quel type de forme Loki apparaît-il le plus souvent aux humains sur Terre ?

Odin

Également appelé Othin, Wotan, Woden, Wuotan, Voden ou Votan.

Dieu de la sagesse, de la guerre, de la magie, de la poésie, de la prophétie, de la victoire et de la mort.

Les Romains identifiaient Odin non pas à Jupiter mais à Mercure. Ainsi, le "jour de Mercure" (en latin tardif, dies Mercurii, en français mercredi) a été repris en vieil anglais sous le nom de "jour de Woden", d'où le mot anglais moderne Wednesday est dérivé.

Odin est le principal dieu aesir, souverain du ciel et de la Terre, et le dieu de la guerre, de la sagesse et de la poésie. Avec ses frères Vili et Ve, il avait tué le géant du gel primordial Ymir et utilisé le corps d'Ymir pour créer tous les différents royaumes du monde, ainsi que la mer et le ciel. Les frères ont également créé les premiers êtres humains, Ask et Embla. Odin était le chef suprême des Ases, une société de dieux guerriers, et même si d'autres dieux étaient plus jeunes, plus beaux et même physiquement plus forts, les pouvoirs et la sagesse d'Odin étaient les plus importants. À la guerre, Odin décidait du sort de tous les guerriers. On l'appelait aussi le Tout-Père.

La figure d'Odin se trouve au centre d'une généalogie mythologique complexe. Son grand-père Buri était un être primordial formé à partir d'un bloc de glace léché par la vache primordiale Audhumia au début des temps. Son père était le fils de Buri, Bor, et sa mère, la géante Bestla.

La femme d'Odin était Frigg, et ensemble ils étaient considérés comme les parents des dieux Ases. Odin a eu de nombreux fils, dont Thor, Balder, Hod, Hermod, Heimdall, Vidar et Vali. Par l'intermédiaire de son fils Sigi, Odin était l'ancêtre de la dynastie Volsung de la légende héroïque.

Selon Odin, Frigg était la mère du beau dieu Balder, mais la mère du fils aîné d'Odin, Thor, était Jorth (également orthographiée Jord ou Iord), la Mère Terre. Jorth était également la mère des filles d'Odin, les Valkyries. Le nom alternatif d'Odin, All-Father, suggère une ancienne union entre un dieu du ciel et une déesse de la terre, une idée soutenue par les récits d'une telle union avec Jorth. La géante Rind (ou Rinda) était la mère de Vali, et la géante Grid la mère de Vidar.

Odin était aussi appelé le Dieu Corbeau. Il avait un trône, Hlidskjalf, dans une tour de guet du royaume céleste d'Asgard, d'où il pouvait voir tout ce qui se passait dans les neuf mondes de l'univers, et rien n'échappait à son regard.

Odin s'asseyait sur ce haut trône avec deux corbeaux, Huginn (pensée) et Muninn (mémoire), perchés sur ses épaules. Il envoyait chaque jour ces oiseaux dans le monde, et ils revenaient lui murmurer à l'oreille tout ce qu'ils avaient vu. Odin voyageait également dans le monde lui-même, prenant d'autres formes, comme celle d'un oiseau, d'un serpent, d'un poisson ou d'une autre bête, et il pouvait se déplacer, comme un esprit, pendant que son corps dormait.

Physiquement, Odin était représenté comme un homme plus âgé mais toujours aussi beau, qui partait au combat coiffé d'un casque d'or et d'une cotte de mailles. Mais il était souvent représenté, surtout lorsqu'il voyageait dans le monde des humains, comme un homme à la barbe grise et à l'œil unique, portant un chapeau à larges bords et un bâton.

Son visage pouvait changer selon le spectateur : il paraissait si noble à ses amis qu'ils se réjouissaient de le voir, mais à ses ennemis, il apparaissait redoutable et terrible. Il possédait une lance magique, Gungnir, qui, une fois lancée, ne s'arrêtait jamais avant d'avoir atteint sa cible. Il possédait un anneau magique en or nommé Draupnir, forgé par les maîtres artisans, les nains Brokk (ou Brokkr) et Sindri. Toutes les neuvièmes nuits, Draupnir produisait huit autres anneaux semblables à lui. Le coursier d'Odin était le puissant cheval gris à huit pattes Sleipnir (glissant), le plus rapide du monde.

En tant que dieu de la guerre, Odin était également un dieu des morts, et il employait ses servantes, les Valkyries, pour arracher les âmes des guerriers les plus valeureux lorsqu'ils mouraient sur le champ de bataille et les conduire au Valhalla, sa salle de banquet à Asgard.

Là, ces âmes, appelées Einherjar, profitaient d'une abondance sans fin de nourriture, de boissons et de réjouissances, et s'entraînaient au combat jusqu'au moment du Ragnarok, la bataille de la fin du monde, où elles combattaient avec Odin comme chef contre toutes les forces du mal. Odin présidait les festins au Valhalla, mais il ne mangeait pas lui-même. Le vin était pour lui à la fois nourriture et boisson. Il donnait sa viande à ses deux loups, Geri (gourmand) et Freki (féroce).

Odin n'hésitait pas à provoquer des combats afin d'obtenir plus de héros pour le Valhalla. Il prenait toujours parti dans un conflit, et il était capable de rompre des serments pour obtenir ce qu'il voulait. A la guerre, il pouvait paralyser ses ennemis par la peur ou confondre leurs sens. Il était le dieu de la chasse sauvage, et lorsque les cieux orageux de Scandinavie semblaient vibrer au son de sabots galopant furieusement, on pensait que c'était Odin qui éveillait la passion du sang chez les gens.

Selon l'historien romain Tacite, les Germains offraient des sacrifices humains à cet aspect de leur dieu guerrier. La manifestation la plus extrême d'Odin dans le monde réel de la bataille est apparue sous la forme des Berserkers (ou Berserksgangr), des guerriers qui avaient prêté un serment sacré à Odin.

Selon la mythologie de l'Edda poétique (ou ancienne) et de l'Edda en prose (ou plus jeune), au moment du Ragnarok, Odin sort du Valhalla à la tête des Einherjar, avec Thor à ses côtés. Dans la bataille entre les dieux et les forces du mal, il serait avalé par le monstrueux loup Fenrir, mais sa mort serait immédiatement vengée par son fils Vidar, qui tuerait la bête maléfique.

Il peut sembler étrange à l'esprit moderne qu'Odin puisse être à la fois le dieu de la guerre furieuse, de la sagesse la plus profonde et de l'art de la poésie, mais pour la société guerrière des Vikings, ces caractéristiques étaient liées. La sagesse d'Odin n'était pas un don, mais quelque chose qu'il avait acquis par la douleur et le sacrifice.

Odin était consulté pour des conseils et de l'aide en temps de paix comme en temps de guerre. Il était devenu très sage en buvant à la fontaine sacrée de la sagesse, le puits gardé par Mimir qui se trouvait sous l'une des racines du grand arbre du monde, Yggdrasil. Mimir accepta de laisser Odin boire un seul verre de ces eaux, mais il dut y laisser un de ses yeux en gage. Par la suite, bien qu'Odin n'ait qu'un seul œil, il voyait plus clairement que quiconque, avait une connaissance intuitive du passé et pouvait prévoir l'avenir.

Une autre source de sagesse d'Odin fut la grande épreuve qu'il entreprit en se pendant à Yggdrasil, l'arbre cosmique qui reliait et soutenait tous les royaumes du monde. Il faillit mourir dans cette épreuve. Après neuf jours et neuf nuits de pendaison, transpercé par une lance dans une blessure qu'il s'était lui-même infligée, selon l'Edda poétique, il se consacra à lui-même, découvrit le secret des runes sacrées et devint le maître des sortilèges et de la sagesse occulte.

Odin a été rajeuni par son sacrifice volontaire. Ygg (le Terrible) était un autre nom d'Odin, et Yggdrasil signifie "le cheval d'Odin", peut-être parce que l'arbre le soutenait pendant sa pendaison. Parce qu'il se pendait à l'arbre cosmique, il était connu comme le Seigneur des potences, un puissant magicien qui pouvait faire parler les pendus et envoyait ses corbeaux pour communiquer avec eux. Parfois, des personnes étaient réellement pendues lors d'un culte rituel pour cet aspect du dieu.

Par son sacrifice et son renouveau à travers les signes runiques, Odin était aussi un dieu du pouvoir magique des mots. Les devins et les magiciens recherchaient son aide pour créer des inscriptions runiques susceptibles d'apporter une protection divine. Son lien avec la poésie skaldique était, selon la Prose Edda, basé sur son vol d'un hydromel magique qui donnait la sagesse et l'art de la poésie au buveur.

Des nains avaient distillé l'hydromel à partir du sang du dieu sage Kvasir, et la recette entra en possession d'un géant nommé Suttung. Odin, sous le nom de Bolverk, essaya d'échanger son travail avec le géant Baugi, le frère de Suttung, en échange d'une boisson de l'hydromel magique. Baugi était d'accord, mais Suttung refusa d'accorder à Bolverk ne serait-ce qu'une goutte d'hydromel.

Avec l'aide de Baugi, Bolverk perça un trou dans la montagne où se trouvait l'hydromel, se transforma en serpent et rampa dans le trou. Baugi, qui avait essayé de le piéger, le poignarda mais le manqua. À l'intérieur de la montagne, Gunnlod, la fille de Suttung, gardait l'hydromel. Odin séduit Gunnlod. Il passa trois nuits avec elle, et elle le laissa boire trois gorgées d'hydromel dans les trois chaudrons magiques, Odherir, Bodn et Son, dans lesquels il était conservé.

Au troisième verre, il avait consommé tout l'hydromel. Puis il se transforma en aigle et s'envola aussi vite qu'il le put pour retourner à Asgard, avec l'hydromel sacré dans son jabot. Suttung le poursuivit, également sous forme d'aigle. Quand les Ases virent Odin voler vers eux, ils mirent des récipients dans la cour pour contenir l'hydromel, et quand Odin arriva au-dessus d'Asgard, il le cracha dans les récipients. Quelques gouttes ont éclaboussé le monde, mais cela n'a pas dérangé les Ases. Ces gouttes devinrent la part des poètes et des rimeurs. Ainsi, les mortels ont pu apprendre et maîtriser l'art skaldique.

De nombreux ouvrages de la littérature nordique font référence à Odin et à ses exploits. L'Edda poétique, écrite en Islande vers l'an 1000, contient un laïus appelé Havamal (paroles du Grand), un recueil de sages paroles et de conseils sous forme poétique qui ont probablement été rassemblés en Norvège aux IXe et Xe siècles.

Ils ont été écrits du point de vue d'Odin lui-même. Ce procédé littéraire renforçait sa position de dieu de la sagesse et de la poésie. Dans la tradition skaldique, la poésie était appelée "le sang de Kvasir", "le butin d'Odin" ou "le cadeau d'Odin".

Questions de recherche

1) Pensez-vous qu'Odin (ou tout autre Dieu) se promène parmi nous en tant que politicien ou dirigeant ?
2) À ton avis, qu'est-ce que cela fait de vivre sous le règne d'Odin en tant qu'Einherjar (ou guerrier d'élite spécialisé dans le Valhalla) ?
3) Comment Odin est-il devenu le roi des dieux et déesses nordiques ?
4) Que pensez-vous de la personnalité d'Odin ?

Sol et Mani

Personnification du soleil et de la lune

Sol et Mani sont le Soleil et la Lune, ou plus précisément, les êtres qui conduisaient le Soleil et la Lune dans leurs courses à travers le ciel. Sol et Mani étaient frère et sœur, et tous deux étaient beaux et loyaux.

Après que les dieux eurent créé le ciel, ils firent le Soleil à partir d'étincelles fondues qui s'étaient échappées du royaume ardent de Muspelheim, et ils le placèrent dans le ciel pour illuminer le monde. Pour une raison quelconque, les dieux se mirent en colère contre Sol et Mani, ou contre leur père, Mundilfari, et ils les prirent tous les deux pour guider le Soleil et la Lune dans leurs voies.

Sol fut obligée de conduire le char du Soleil et de guider ses deux chevaux, Arvak et Alsvinn. Sol devait voyager à grande vitesse, poursuivie par un loup nommé Skoll qui finirait par la dévorer.

Le garçon, Mani, a été forcé de guider le cours de la Lune. Il contrôlait également sa croissance et sa décroissance. Selon certains récits, Mani lui-même a enlevé deux humains, une fille nommée Bil (décroissante) et un garçon nommé Hiuki (croissante), enfants de Vidfinn, alors qu'ils quittaient un puits appelé Byrgir. Par la suite, il les a forcés à voyager avec lui, comme on peut le voir dans les phases de la Lune. Mani, lui aussi, devait voyager rapidement, car le chien de la lune, Hati Hrodvitnisson, le suivait à la trace.

Les Vikings croyaient que lorsque les deux loups rattrapaient le Soleil et la Lune, ils les avalaient et que toutes les étoiles disparaissaient du ciel. Ce serait le signal que le Ragnarok, la bataille entre les forces du bien et les forces du mal, était sur le point de commencer, et que la fin du monde était proche.

Questions de recherche

---

1) Que pensez-vous des rôles de genre présents dans la société nordique ?
2) Parmi toutes les divinités nordiques, qui sont vos préférées ?

Sigi
L'ancêtre de la lignée Volsung.

Sigi est le fils du dieu principal, Odin, et le grand-père du courageux guerrier Volsung, qui a donné son nom à la lignée des héros Volsung, dont Sigmund et Sigurd. Odin a engendré Sigi lors d'une de ses nombreuses aventures amoureuses.

Sigi est devenu un hors-la-loi et un meurtrier, mais il est ensuite devenu un roi. Avant de mourir, il a engendré Rerir, qui est devenu le père de Volsung. L'histoire de cette famille est racontée dans l'épopée scandinave en prose "Volsunga Saga".

Questions de recherche

---

1) N'avez-vous jamais souhaité qu'il y ait plus de dieux et de déesses nordiques ?
2) Y a-t-il quelque chose d'unique chez Sigi que vous appréciez ?

Thor

Également orthographié Thorr, Thunor, Thonar, Donar, Donner, Thur, Thunar, ou Thunaer.

Dieu de la force, de la protection, de la guerre, des tempêtes, du tonnerre et des éclairs.

Le jeudi, cinquième jour de la semaine, a été nommé en l'honneur de Thor ; le nom serait dérivé de Jupiter Tanarus, le Jupiter foudroyant, une divinité celte.

Thor est le dieu du tonnerre et du ciel. Thor était le fils aîné de la divinité principale, Odin, et de Jorth. Il était le second en importance après Odin et était probablement le dieu le plus populaire du panthéon nordique.

Le Thor à la barbe rouge était dépeint comme très grand, musclé et vigoureux. Il était considéré comme bon vivant, courageux, bienveillant, vaillant et toujours prêt à se battre. Sa capacité à manger et à boire en grande quantité est évoquée dans plusieurs légendes.

Thor était le principal champion des dieux à Asgard et le principal protecteur des humains à Midgard contre les géants, les trolls et autres êtres maléfiques. Plus que tout autre dieu, il était toujours attentif aux géants et aux démons qui menaçaient les dieux et les humains. Sa voix tonitruante et ses yeux étincelants inspiraient la terreur à ses ennemis. Il s'irritait facilement et, lorsqu'il était en colère, il était capable de tuer ses adversaires avec Mjolnir (Miller), le marteau magique qu'il gardait toujours sur lui.

Thor était largement adoré par les guerriers nordiques, mais il était également vénéré par les agriculteurs et les paysans en raison de sa capacité à créer la pluie pour les cultures. L'image du marteau de Thor était utilisée comme symbole de fertilité dans les mariages (dans son lien avec la pluie et la croissance des cultures) et comme symbole de renaissance dans les enterrements dans la religion nordique. Son image, toujours représentée avec son marteau, se retrouve fréquemment dans l'art scandinave et sur les inscriptions runiques.

Thor était sans conteste le meilleur combattant et le plus fort des dieux. Il vivait dans une région du ciel appelée Thrudvangar. La salle de son château, appelée Bilskirnir (Foudre), comptait 540 pièces. Dans de nombreuses légendes, il a utilisé le marteau Mjolnir contre des géants des glaces et des ogres.

Cette arme invincible, qui produisait des éclairs, avait un manche court et lorsqu'elle était lancée, elle revenait toujours, comme un boomerang, dans la main de Thor. Elle était si puissante que Thor devait porter des gants de fer spéciaux pour pouvoir la saisir.

L'épouse de Thor était Sif, une déesse de la fertilité aux cheveux d'or, avec qui il eut une fille, Thrudr (Force). Il était également le père de deux fils, Modi (Courage) et Magni (Force), de Jarnsaxa, une géante, et le beau-père du fils de Sif, Ull.

Thor se déplaçait dans un char tiré par deux chèvres, Tanngnjostr (mangeur de dents) et Tanngrisnir (broyeur de dents), et lorsqu'il se déplaçait dans le ciel, il produisait les grondements du tonnerre, tandis que des étincelles jaillissaient de ses roues. S'il le souhaitait, Thor pouvait abattre les chèvres, manger leur viande et les ramener à la vie, à condition que leur peau et leurs os soient intacts.

Thor possédait également une ceinture magique qui, lorsqu'il la bouclait, doublait sa force. Il était souvent accompagné dans ses exploits par son serviteur Thialfi, un coureur rapide qui lui servait également de conseiller. Loki, le dieu du feu, voyageait aussi souvent avec lui sur les terres des géants.

Thor a entrepris de nombreuses expéditions à Jotunheim, le pays des géants des glaces. Dans une histoire, Thor se réveille un jour et découvre que son marteau a disparu.

Un géant nommé Thrym l'avait volé et caché. Le géant n'accepterait de rendre le marteau qu'en échange d'avoir la déesse Freya comme épouse. Thor entreprit de se faire passer pour la déesse, portant ses vêtements, son voile et son célèbre collier d'or, et se rendit au palais de Thrym avec le dieu Loki, déguisé en servante de Freya. Thrym fut satisfait et prépara un banquet pour le mariage.

La mariée réussit à dévorer un bœuf entier, huit saumons, toutes les épices et trois barils d'hydromel. Loki dit à Thrym, étonné, que Freya était si impatiente de venir le voir qu'elle n'avait pas mangé depuis une semaine. Thrym essaya de soulever le voile de Freya pour l'embrasser, mais il fit un bond en arrière quand il vit que des étincelles jaillissaient de ses yeux.

Loki l'a encore rassuré : Freya n'avait pas dormi depuis une semaine en prévision. Puis le marteau fut apporté et posé sur les genoux de la mariée pour la consécration rituelle. Aussitôt, Thor se débarrasse de son déguisement et utilise le marteau pour abattre Thrym et toute la fête de mariage.

Bien qu'il n'ait jamais été vaincu dans un combat loyal, Thor pouvait être conquis par la magie, comme lorsqu'un géant magicien nommé Utgarda-Loki l'a défié dans une série de tests de ses compétences. Il s'agissait notamment de tester sa capacité à boire et sa force. Thor pensa qu'il n'avait pas bien réussi lorsqu'il fut mis au défi de boire dans la corne à boire du magicien, mais il ne réalisa pas que l'extrémité de la corne à boire se trouvait dans l'océan lui-même.

Ensuite, on a testé sa force en lui faisant essayer de soulever un chat ; il ne savait pas que le chat était en réalité Jormungand, l'énorme serpent de Midgard, dont les nombreux enroulements encerclaient le monde. Il fut également mis au défi de combattre une vieille femme flétrie ; il perdit le combat, ne sachant pas qu'elle était en fait la personnification de la vieillesse, que personne ne pouvait battre.

Un jour, lors d'une expédition de pêche, Thor a accroché Jormungand et, grâce à sa force monumentale, a pu sortir le monstre de l'océan. Il réussit presque à hisser une partie de l'énorme créature dans le bateau, bien que celle-ci lui crache du poison. Il ne réussit cependant pas à tuer le serpent. Le géant Hymir, qui se trouvait dans le bateau avec Thor, fut si terrifié par la lutte acharnée entre le dieu et le monstre qu'il coupa la ligne de pêche au moment où Thor s'apprêtait à lui briser le crâne avec son marteau, et le serpent replongea dans les profondeurs.

Thor était destiné à combattre à nouveau le serpent Jormungand au moment du Ragnarok, la fin du monde. Selon la Prose (ou jeune Edda), à ce moment fatidique, le meilleur combattant parmi les dieux réussirait à tuer le serpent, mais il serait trop occupé à le combattre pour aider son père Odin, qui mourrait en combattant le féroce loup Fenrir. Thor lui-même mourra du poison que le serpent lui a craché, après s'être éloigné de neuf pas seulement du corps du serpent.

Questions de recherche

---

1) Quelles sont les similitudes entre Thor et Zeus ?
2) Pour qui immigreriez-vous à Asgard si vous aviez le choix entre Thor et Odin (ou les deux) ?

3) Quelle est la chose pour laquelle Thor est connu, parmi d'autres choses ?
4) Préférez-vous la version nordique de Thor ou la version cinématographique de Thor ?

Mjolnir

Egalement orthographié Mjollnir.

Le marteau magique de Thor

Mjolnir (Meunier), produisant des éclairs, était l'arme indispensable de Thor contre les ennemis des dieux et des hommes. Avec elle, Thor était invincible dans les combats contre les géants du gel, les géants des montagnes, les ogres des collines, les trolls et autres monstres et démons qui menaçaient le ciel et la Terre.

Après avoir été lancé, le marteau revenait, tel un boomerang, dans la main de Thor. Il possédait une paire de gantelets magiques en fer qu'il portait toujours lorsqu'il maniait Mjolnir, car sans eux, il était incapable de saisir le puissant manche du marteau. Le peuple nordique croyait que lorsque le sol était frappé par la foudre, Thor avait envoyé son marteau s'écraser sur la terre.

Mjolnir a été forgé par un nain nommé Sindri. Pendant qu'il le créait, Loki, le dieu du feu rusé, se déguisa en mouche et tenta d'interférer avec le travail de Sindri en bourdonnant autour de lui. En conséquence, le manche de Mjolnir était inhabituellement court. Néanmoins, un coup porté par le marteau de Thor était si puissant qu'il entraînait une mort instantanée.

Bien que Mjolnir puisse être le porteur de la mort, il était également un symbole de vie et de fertilité en lien avec l'influence de Thor sur les pluies et, par extension, les bonnes récoltes. Il apportait des bénédictions lors du mariage en éloignant les pouvoirs maléfiques des mariés et en promettant la fécondité à la mariée.

L'image du marteau de Thor a été retrouvée sur de nombreuses stèles funéraires, gravures rupestres et pierres portant des inscriptions runiques. Au début de l'ère chrétienne en Scandinavie, il a pu également être utilisé comme signe de protestation contre la loi selon laquelle seule la croix du Christ pouvait être représentée sur les monuments.

Questions de recherche

1) Avez-vous déjà vu le marteau de Thor à la télévision ?
2) Préféreriez-vous avoir un Mjolnir à usage unique ou une pomme dont la durée de vie est illimitée ?
3) Comment prononcer Mjölnir ?

Tyr

Également orthographié Tiw.

Dieu de la guerre, de la justice dans la bataille, de la victoire et de la gloire héroïque.

Le mot anglais Tuesday vient du nom Tyr, et le mot allemand pour le mardi, Dienstag, est lié au dieu, tout comme le vieux mot norrois thing, qui signifie une assemblée de guerriers.

Tyr est un dieu de la guerre et du courage. Fils du dieu principal Odin, Tyr a perdu sa main droite lorsqu'elle a été arrachée au poignet par le monstrueux loup Fenrir. Selon la "Prose (ou jeune) Edda", Tyr était le plus courageux et le plus vaillant des dieux, et il avait un grand pouvoir sur la victoire dans les batailles.

Bien que l'on sache peu de choses de son culte aujourd'hui, Tyr est considéré comme le plus ancien des dieux de l'Europe du Nord-Ouest. Son importance pour les premiers peuples germaniques n'est pas contestée, mais il est difficile de déterminer sa fonction et sa signification précises. Son nom a été associé aux dieux romains Jupiter et Mars, ainsi qu'aux assemblées dans lesquelles les guerriers règlent leurs différends.

On sait également que Tyr avait un rapport avec la magie runique et le caractère sacré des serments. Lorsque l'importance d'Odin a commencé à augmenter dans le panthéon nordique, à partir du 1er siècle de notre ère, la position probable de Tyr comme dieu principal a été éclipsée.

Sa fonction de dieu du combat a également diminué avec la popularité croissante de Thor. À l'époque de l'Edda en prose, Tyr était considéré comme un dieu que les " hommes d'action " devaient prier, et il était principalement associé au mythe de la mise en laisse du loup Fenrir.

Selon cette légende, lorsque Fenrir était encore un petit garçon, Tyr entreprit la dangereuse tâche de le nourrir. Il devint si grand et si vite que les dieux comprirent qu'il pouvait les détruire. Ils tentèrent de l'enchaîner sous prétexte de tester sa force, mais par deux fois le loup brisa les entraves.

Finalement, les dieux demandèrent aux nains de forger une chaîne plus solide, et ils produisirent un cordon magique, Gleipnir. Fenrir se méfia à juste titre de ce cordon - qui, contrairement aux autres entraves, était aussi fin qu'un ruban - mais plutôt que de voir son courage remis en question, il déclara qu'il les laisserait le mettre sur lui si quelqu'un lui mettait en même temps la main dans la bouche en gage de bonne foi. Aucun des dieux, bien sûr, n'a voulu le faire.

Puis Tyr s'est avancé et a silencieusement mis sa main droite dans la gueule du loup. Ce n'est qu'alors que le loup s'est laissé attacher. Fenrir a donné des coups de pied et a forcé le lien, mais il a réalisé qu'il ne pouvait pas le briser, et que les dieux ne le laisseraient pas partir.

Il a compris qu'il avait été trompé, et il a refermé sa bouche sur la main de Tyr, la mordant. Cette mutilation sacrificielle, faite pour le bien du monde, démontre le lien de Tyr avec le respect des serments.

Lors du Ragnarok, la bataille entre dieux et démons qui devait avoir lieu à la fin du monde, Tyr devait tuer - et en même temps être tué par - Garm, le chien de Hel, la déesse des enfers.

Questions de recherche

1) Que pensez-vous de Tyr ?
2) Si on te donnait l'occasion de rencontrer un dieu nordique, tu irais ?
3) Si vous deviez associer une déesse nordique et un géant nordique, qui seraient-ils ?

Ull

Également orthographié Ullr.

Un dieu associé aux skis et à l'arc

Ull est un dieu chasseur. Il était le fils de Sif, qui était mariée au dieu du tonnerre, Thor. C'était un archer et un skieur de raquettes hors pair, et c'était le dieu à invoquer lorsqu'on était sur le point de s'engager dans un combat singulier.

Si l'on ne sait pas grand-chose d'Ull, il existe des preuves de son culte dans de vastes régions de Scandinavie, notamment dans les provinces centrales de Suède et de Norvège. Il était physiquement beau et noble. Son nom signifie "magnifique". Selon un mythe, Ull aurait régné en tant que divinité principale pendant une période de dix ans alors que le dieu principal, Odin, était banni par les autres dieux pour ses aventures amoureuses. Au retour d'Odin, Ull se rendit en Suède et apprit l'art de la magie.

Ull devint un magicien si puissant qu'il était capable de naviguer sur la mer dans un os qu'il avait fait graver de signes magiques. Son sport préféré, cependant, était de chasser le gibier à l'aide d'un arc et de flèches à travers les montagnes avec ses raquettes rapides.

_____

Questions de recherche

_____

1) Nommez une des caractéristiques de Ull
2) Avez-vous un mythe nordique ou une légende nordique préféré(e) qui se rapporte à l'agriculture ou à la vie agricole ?

Vali

S'écrit aussi Ali.

Dieu de la vengeance

Vali est le fils du dieu principal, Odin, et d'une géante nommée Rinda. Bien que l'on ne sache pas grand-chose de lui, selon la "Prose (ou Younger) Edda", il était audacieux au combat et un excellent tireur.

Vali est devenu adulte en un seul jour. Il ne s'est jamais lavé les mains ni peigné les cheveux. Vali a tué le dieu aveugle Hod, un autre fils d'Odin, pour venger la mort du bon et beau dieu Balder, que Hod avait été poussé à tuer par le dieu du feu Loki. Vali est donc associé aux actes de vengeance.

Vali, ainsi que son frère Vidar et les deux fils de Thor, Modi et Magni, étaient censés être les seuls dieux à survivre au Ragnarok, la bataille de la fin du monde.

Questions de recherche

---

1) Connaissez-vous d'autres écrits ou films célèbres qui réimaginent le monde à l'époque des Vikings ?
2) Que pensez-vous de l'avenir de la mythologie nordique, qui a été l'une des mythologies les plus utilisées dans la culture populaire ?

Vili & Ve

Aussi appelé Lothur.

Dieux de la Terre

Odin, Vili et Ve, les trois fils de Bor et de la géante Bestla, furent les premiers dieux Ases. Ils étaient forts, justes et bons, et ils ont mené une guerre contre le géant Ymir et sa progéniture, les terribles géants du froid.

Ensemble, Odin, Vili et Ve ont tué Ymir. Ils prirent son énorme corps et le placèrent au milieu du Ginnungagap, le gouffre qui s'étendait de la glace gelée de Niflheim au royaume ardent de Muspelheim. À partir du corps d'Ymir, ils créèrent le paysage du monde : ils firent la terre de sa chair, les montagnes de ses os, les rochers et les pierres de ses dents et de ses articulations brisées, les lacs, les rivières et les mers de son sang, et les arbres et l'herbe de ses cheveux.

Ils ont placé son crâne au-dessus de la Terre pour former le firmament. Les cerveaux d'Ymir devinrent les nuages flottant dans ce ciel fait de crânes. Chacun des quatre coins du ciel était soutenu par un nain ; leurs noms étaient Est, Ouest, Sud et Nord.

Un jour, après avoir accompli cette tâche, les trois Ases se promenaient au bord de la mer lorsqu'ils trouvèrent deux morceaux de bois flotté, l'un de chêne, l'autre de frêne. Les dieux en taillèrent deux êtres, le premier homme et la première femme.

Odin leur a donné le souffle et la vie, Vili leur a donné la compréhension et le pouvoir de ressentir, et Ve leur a donné la chaleur et les sens humains de la parole, de l'ouïe et de la vue. Les trois dieux leur donnèrent des vêtements à porter. L'homme fut appelé Ask (Frêne) et la femme Embla (Chêne), et tous les êtres mortels descendirent d'eux. Les dieux désignèrent Midgard comme le lieu où ces êtres mortels pourraient vivre.

Une histoire légèrement différente de la création de l'humanité apparaît dans l'"Edda poétique" (ou Elder). Dans cette version, les trois fils de Bor sont appelés Odin, Hoenir et Lothur.

Questions de recherche

---

1) Combien de dieux, de déesses et de géants nordiques y a-t-il au total ?
2) Quel est un dieu, une déesse ou un géant nordique génial et moins connu dont vous vous souvenez ?

Vidar

Également orthographié Vithar.

Dieu de la vengeance

Un dieu fort et silencieux, fils du dieu principal Odin, destiné à survivre au Ragnarok, la bataille de la fin du monde. Bien que l'on ne sache pas grand-chose de Vidar, selon la "Prose (ou jeune) Edda", il avait une force presque égale à celle de Thor et était une source de grand soutien pour les autres dieux en cas de danger.

Pendant le Ragnarok, le monstrueux loup Fenrir avalait Odin et le tuait. Immédiatement, Vidar s'est avancé et a marché sur la mâchoire inférieure du loup.

Sur le pied avec lequel il a marché sur la mâchoire, il porterait une chaussure dont le matériau a été collecté au fil du temps. La chaussure serait faite des morceaux de l'orteil et du talon qui étaient coupés et jetés lorsque les chaussures des gens étaient fabriquées. Pour cette raison, on pensait que tous les peuples nordiques qui souhaitaient aider les Ases devaient jeter ces morceaux.

D'une main, Vidar tuait le loup en saisissant sa mâchoire supérieure et en déchirant sa gueule. Puis il transperçait le cœur du loup avec son épée, vengeant ainsi la mort de son père. Vidar serait l'un des rares dieux à survivre à la bataille, et il habiterait ensuite dans les lieux saints des dieux dans un nouveau monde.

Questions de recherche

---

1) Qu'est-ce qui te plaît le plus chez Vidar ?
2) Connaissez-vous une histoire intéressante ou amusante sur les dieux, déesses et géants nordiques ?

Asynjur

Également orthographié Asyniur.

Les déesses des Ases, menées par Frigg.

Remarque : les jeunes filles d'Odin, les Valkyries, sont également considérées comme des Asynjur.

Collectivement, les déesses de la mythologie nordique. En vieux norrois, le mot est la forme féminine d'Aesir. Le panthéon nordique comptait de nombreuses déesses, mais peu d'informations nous sont parvenues sur la plupart d'entre elles.

Bien que les peuples nordiques accordaient une grande importance aux prêtresses dans leurs cultes et une grande valeur aux conseils des femmes, la mythologie des Vikings s'inspirait principalement de leur culture centrée sur la bataille et les guerriers, et donc la plupart des histoires qui ont survécu sont celles des dieux et non des déesses.

Quelques-unes des Asynjur sont bien connues en tant que telles et sont mentionnées dans des mythes nordiques spécifiques. Elles sont souvent mentionnées dans leur rôle d'épouse d'un dieu particulier : Frigg, la femme d'Odin ; Sif, la femme de Thor ; Nanna, la femme de Balder ; Skadi, la femme de Njörd ; Gerd, la femme de Frey ; Sigyn, la femme de Loki ; et

Idunn, la femme de Bragi. Dans le cas de la plupart des Asynjur, cependant, on ne sait rien d'autre que leur nom.

La "Prose (ou Younger) Edda" islandaise du XIIIe siècle désigne Frigg comme la plus haute des Asynjur. La déesse de la fertilité Freya occupe le rang suivant, bien qu'elle ne soit pas originaire des Ases mais des Vanirs.

La "Prose Edda" nomme également les personnages suivants comme Asynjur : Eir, un excellent médecin ; Gefiun, une déesse vierge qui veille sur les vierges ; Fulla, la confidente de Frigg ; Siofn, une déesse de l'amour et de l'affection ; Lofn, une déesse qui bénit les mariages et plaide auprès d'Odin et de Frigg pour les cas d'amoureux à qui l'on a refusé la permission ou interdit de se marier ; Var, qui écoute les serments et les accords privés entre hommes et femmes et punit ceux qui les brisent ; Vor, une déesse sage à qui rien ne peut être caché ; Syn, déesse du refus, qui garde les portes des salles et les ferme à ceux qui n'ont pas le droit d'y entrer ; Hiln, déesse du refuge, dont la tâche est de protéger les personnes que Frigg veut sauver du danger ; Snotra, déesse de la sagesse et de la courtoisie ; Gna, qui parcourt le ciel et la mer sur son cheval, Hofvarpnir, pour exécuter les souhaits de Frigga ; Sol, qui conduit le char du soleil ; Bil, la compagne de la lune ; Iord, la mère de Thor ; Rind, la mère de Vali ; et Saga, dont le nom signifie "histoire"."

Questions de recherche

---

1) Quel est le dieu ou la déesse nordique le plus dangereux ?
2) Connaissez-vous des noms de dieux ou de déesses nordiques qui ressemblent à des noms ordinaires ?

Frigg

Également orthographié Frigga.

Déesse de l'amour, du mariage, de la fertilité, de la famille, de la civilisation et prophétesse.

Les Romains associaient Frigg à Vénus. Frigg apparaît dans le cycle d'opéra de Richard Wagner "L'Anneau des Nibelungs" en tant que déesse Fricka, épouse du dieu suprême, Wotan (version germanique d'Odin).

Frigg est la déesse principale, épouse du dieu principal Odin. Son nom signifie "épouse" ou "bien-aimée", et elle était la déesse du mariage, associée à l'amour et à la fertilité. L'un de ses fils était le dieu bien-aimé mais condamné Balder.

Dans le royaume céleste d'Asgard, Frigg vivait dans un magnifique palais appelé Fensal. Elle se vêtait parfois du plumage de faucons et de faucons, et pouvait aussi voyager sous la forme de ces oiseaux.

Frigg avait 11 servantes : Fulla, Hlin, Gna, Lofn, Vjofn, Syn, Gefjon, Snotra, Eir, Var et Vor, qui aidaient la déesse dans son rôle de déesse du mariage et de la justice. Ils sont parfois considérés comme divers aspects de Frigg elle-même plutôt que comme des êtres distincts.

Dans l'Edda poétique (ou ancienne) et l'Edda en prose (ou jeune), Frigg est désignée comme l'épouse d'Odin et la mère des Ases. En tant qu'épouse d'Odin, elle était la plus élevée des Asynjur, les divinités féminines du panthéon nordique. Bien que Frigg aimait Odin, elle était connue pour avoir eu une liaison occasionnelle. Odin n'était pas non plus un mari fidèle ; les rivaux de Frigg comprenaient Rind, Gunnlod et Grid.

Frigg était également une voyante qui connaissait l'avenir mais n'en parlait jamais, pas même à Odin, qui savait pourtant qu'elle avait ce pouvoir. Frigg n'est pas mentionnée en détail dans la littérature qui subsiste. Son rôle le plus important est dans l'histoire de la mort de Balder.

Après que son fils Balder ait commencé à faire des rêves dans lesquels il était en grand danger, Frigg a voyagé partout sur Terre, demandant à tout le monde de ne pas faire de mal à son fils.

Une fois ces engagements pris, les dieux commencèrent à s'amuser en lui lançant des armes et des flèches pour le plaisir, car tout ce qu'ils lui lançaient était simplement dévié. Mais Loki, le dieu du feu rusé, trompa Frigg en lui confiant qu'elle avait exempté une jeune branche de gui de faire le vœu.

Loki sortit immédiatement et ramassa un arbre de gui, le ramena à l'assemblée où les dieux se divertissaient encore en lançant des objets sur Balder, et trompa le dieu aveugle Hod en le lançant sur Balder, qui fut immédiatement tué.

On pense que Frigg est issue d'une déesse mère de la Terre beaucoup plus ancienne et largement vénérée, identifiée comme Jorth (également orthographiée Jörth ou Iord), Fjorgyn ou Nerthus. Dans la "Prose Edda", Frigg est identifiée comme la fille de Fjorgyn (également orthographiée Fiorgvin, Fjorgvin, ou Fiorgyn). Frigg est parfois confondue avec la déesse Freya, toutes deux déesses de l'amour et de la fertilité. D'autres déesses, dont on ne sait presque rien, sont également identifiées à Frigg, y compris certaines de celles qui sont nommées comme ses servantes : Gefjon, Hlin, Saga et Eir.

Questions de recherche

---

1) Quelle est votre déesse nordique préférée ?
2) Quelle déesse grecque est similaire à Figg ?

Gerd

Déesse de la fertilité, associée à la terre.

Gerd est l'une des déesses d'Asynjur et l'épouse du dieu de la fertilité
Frey. Fille des géants des montagnes Gymir et Aurboda, Gerd était, selon
la "Prose (ou jeune) Edda", la plus belle de toutes les femmes.

Frey a épousé Gerd après avoir souffert d'un long mal d'amour. Frey avait
aperçu Gerd un jour alors qu'il était assis sur le haut trône d'Odin,
Hlidskjalf. Il l'a vu dans la propriété de son père à Jotunheim, le pays des
géants, entrant dans un grand bâtiment. Frey est tombé profondément
amoureux, et il a commencé à se languir désespérément de Gerd.

Gerd serait mort du mal d'amour si son serviteur Skirnir ne s'était pas
porté volontaire pour se rendre à Jotunheim et demander la main de Gerd
au nom de Frey. En échange de cette dangereuse mission, Skirnir
demanda l'épée magique de Frey. Frey accepta et, armé de cette épée,
Skirnir put braver les dangers de Jotunheim.

Les terres de Gymir étaient bien protégées : les murs étaient entourés de
flammes, des chiens féroces et un gardien patrouillaient à la porte. Mais
Skirnir franchit tous les obstacles en courant, et Gerd, entendant le
vacarme qui en résulte, se présente à la porte. Skirnir lui explique la raison

de sa venue et lui offre des cadeaux - onze pommes en or pur et l'anneau magique d'Odin, Draupnir - si elle accepte d'épouser son maître.

Devant son refus, Skirnir brandit avec colère l'épée magique de Frey et menaça de graver des runes magiques dans un sort qui enverrait Gerd dans un désert solitaire et le ferait disparaître comme un chardon dans la glace. Gerd prit peur et, dans un geste de réconciliation, offrit à Skirnir un bol d'hydromel. Puis elle accepta de rencontrer et d'épouser le dieu neuf nuits plus tard.

En dehors de sa relation avec Frey, on trouve peu d'informations sur Gerd dans la littérature existante. Gerd avait une sœur nommée Belli et pourrait avoir été la personnification de l'Aurore Boréale, les lumières du Nord.

Questions de recherche

1) Quels sont les sujets moins connus concernant les histoires nordiques qui seraient absolument fascinants à écouter ?
2) Quel trait de personnalité manque à la plupart des dieux nordiques ?

Idunn

Déesse du printemps et du rajeunissement

Idunn est la déesse qui gardait et distribuait les pommes d'or de la jeunesse, et l'épouse de Bragi, le dieu de la poésie. Idunn était une présence essentielle dans le royaume céleste d'Asgard, car sans ses pommes, les dieux devenaient vieux et infirmes comme n'importe quel mortel.

L'une des principales légendes concernant Idunn concerne un épisode au cours duquel elle est enlevée par le géant Thiassi. L'histoire de l'enlèvement et de la récupération d'Idunn est racontée dans la section "Skaldskaparmal" de la "Prose (ou jeune) Edda".

Lors d'un voyage dans les montagnes, les dieux Odin, Loki et Hoenir (Vili) eurent faim. Ils descendirent dans une vallée et virent un troupeau de bœufs. Ils prirent un des bœufs et le mirent dans un four en terre. Plusieurs fois, estimant que la viande devait être cuite, ils vérifièrent le four, pour constater qu'elle était encore crue. Un grand aigle, assis dans un chêne au-dessus d'eux, dit qu'il était responsable, et que si les dieux lui accordaient sa part du bœuf, le four le ferait cuire. Les dieux acceptèrent.

L'aigle s'assit sur le four et dévora immédiatement les deux jambons et les deux épaules du bœuf. Loki se mit en colère, saisit une grande perche et la balança de toutes ses forces vers l'aigle. L'aigle s'éloigna d'un coup sec et s'envola avec une extrémité de la perche collée à son corps et l'autre extrémité dans les mains de Loki. L'aigle vola de telle sorte que les pieds de Loki se heurtèrent aux pierres, au gravier et aux arbres et Loki pensa que ses bras allaient être arrachés de ses épaules. Loki cria et supplia l'aigle de le libérer, mais l'aigle dit que Loki ne serait jamais libéré à moins qu'il ne jure solennellement d'attirer la déesse Idunn pour qu'elle sorte d'Asgard avec ses pommes.

Loki a accepté les conditions. L'aigle le libéra et il retrouva le chemin des deux autres dieux, mais il ne leur dit rien de ce qui s'était passé. Au moment convenu, Loki attira Idunn hors d'Asgard dans une forêt, disant qu'il avait trouvé des pommes qu'il pensait qu'elle voudrait, et lui dit d'apporter ses pommes pour les comparer. Puis l'aigle arriva. L'aigle était en réalité le géant Thiassi déguisé. Il enleva Idunn et s'envola avec elle vers sa maison, appelée Thrymheim.

Sans les pommes de jeunesse d'Idunn, les autres dieux devinrent rapidement gris et vieux. Les dieux tinrent alors un conseil concernant sa mystérieuse disparition et se demandèrent les uns aux autres quand ils avaient vu Idunn pour la dernière fois. Ils découvrirent que la dernière fois qu'ils l'avaient vue, c'était avec Loki. Loki fut arrêté, amené au conseil, et menacé de mort ou de torture. Terrorisé par sa vie, il déclara qu'il partirait à la recherche d'Idunn à Jotunheim (Giantland) si Freya lui prêtait la forme d'un faucon qu'elle possédait.

Sous cette forme de faucon, il s'envola au nord de Jotunheim et arriva un jour à Thrymheim. Thiassi était en mer sur un bateau, mais Idunn était seule à la maison. Loki la trouva et lui donna la forme d'une noix. Il la tint dans ses griffes et s'envola aussi vite qu'il put vers Asgard. Quand Thiassi est rentré et a trouvé Idunn partie, il a pris sa forme d'aigle et a volé après Loki. Il vola si vite et si fort qu'il provoqua des vents de tempête.

Depuis Asgard, les dieux pouvaient voir le faucon s'approcher avec la noix dans sa griffe, et l'aigle énorme le poursuivre. L'aigle le rattrapait. Ils sont sortis de leur fortification et ont empilé des tas de copeaux de bois.

Dès que le faucon a survolé le mur pour se mettre en sécurité, les dieux ont mis le feu aux copeaux de bois. Incapable de ralentir assez vite, l'aigle s'est jeté dans le feu, et les dieux ont pu le tuer à l'intérieur des portes d'Asgard. Le meurtre du géant Thiassi fut un acte de grande renommée parmi les dieux, et dès qu'ils eurent à nouveau les pommes d'Idunn, ils retrouvèrent leur jeunesse et leur vigueur.

Questions de recherche

1) Comment décririez-vous la personnalité d'une divinité particulière, sur la base d'un seul trait de caractère ?
2) Quelle histoire nordique a eu le plus d'impact sur la façon dont vous vous percevez ou dont vous vous comportez avec vos amis ?

Nanna

Déesse associée à la joie, à la paix et à la lune.

Nanna est une déesse et l'épouse du beau dieu Balder. Elle était la mère de Forseti, le dieu de la justice. Son nom signifie "mère des braves". On sait peu de choses sur Nanna, sauf sur son lien avec Balder. La "Prose (ou Younger) Edda" mentionne qu'elle était la fille de Nep, qui était probablement un géant.

Après que Balder ait été tué par la ruse du dieu du feu Loki, tous les dieux et de nombreux autres êtres se réunirent pour un grand rite funéraire. Nanna fut tellement accablée par le chagrin qu'elle s'effondra pendant les funérailles et mourut d'angoisse. Elle fut immédiatement transportée jusqu'au bûcher de Balder sur le bateau funéraire et déposée à côté de son mari, et les deux corps furent brûlés ensemble alors que le bateau était lancé en mer.

Tous les dieux étaient si affligés par la perte de Balder que le dieu Hermod se rendit aux enfers pour tenter de négocier avec la déesse Hel le retour de Balder dans le royaume céleste d'Asgard.

Pendant son séjour à Hel, Hermod a rendu visite aux fantômes de Balder et de Nanna. Nanna - toujours une femme attentionnée et gracieuse même à Hel - a donné à Hermod une robe de lin pour Frigg, l'épouse du dieu principal, Odin, ainsi que d'autres cadeaux à rapporter aux vivants.

Questions de recherche

---

1) Selon toi, qui était le plus monstrueux de tous les dieux, dames, déesses ou géants nordiques ?
2) Quels sont vos films préférés sur la mythologie nordique ?

Sif

Déesse des récoltes et de la terre

Sif est l'épouse du dieu du tonnerre, Thor. Sif était une géante, déesse du grain et de la fertilité, et l'une des Asynjur. Elle était la mère d'Ull, dieu du tir à l'arc, du ski et du combat singulier. Sif était la seconde épouse de Thor, et Ull était son beau-fils.

Les cheveux d'or de Sif, qui symbolisaient son lien avec la fertilité de la terre et la récolte des céréales, étaient souvent loués. Elle était connue pour être très vaniteuse quant à sa beauté.

Selon la légende, Loki, le malicieux dieu du feu, a coupé les cheveux de Sif pendant son sommeil (dans une version, il les brûle). Thor était tellement en colère qu'il a obligé Loki à remplacer les cheveux de Sif par une perruque, fabriquée par les nains et faite des plus beaux brins d'or.

Certaines autorités pensent que Sif est l'équivalent de la déesse anglo-saxonne Sib et de la teutonne Sippia.

Questions de recherche

---

1) Pourquoi les gens choisissent-ils de vénérer certains de ces êtres plus violents comme Odin ou Thor ?
2) D'où viennent les géants nordiques ?

Sigyn

Également orthographié Siguna.

Déesse de la terre

Sigyn est l'une des déesses d'Asynjur, et l'épouse de Loki, le dieu du feu rusé. Son nom signifie "donneuse de victoire". De Loki, elle a eu un fils nommé Nari, ou Narfi. La littérature existante ne nous apprend pas grand-chose sur Sigyn, si ce n'est son lien avec le destin de Loki.

La "Prose (ou jeune) Edda" raconte comment le dieu maléfique Loki, responsable du meurtre du dieu bien-aimé Balder, fut finalement capturé par les dieux Ases. Loki fut emmené dans une grotte et attaché à trois dalles de pierre. La déesse Skadi plaça alors un serpent venimeux au-dessus de la tête de Loki afin que le venin brûlant coule sur son visage.

Là, Loki était condamné à rester dans ses liens jusqu'à Ragnarok, la bataille finale entre les forces du bien et du mal, où il se libérerait et mènerait les habitants des enfers dans la bataille contre les dieux. Jusque-là, Sigyn, sa fidèle épouse, se tenait accroupie entre lui et l'énorme serpent au-dessus de sa tête.

Sigyn a patiemment recueilli chacune des gouttes de poison dans une bassine. Mais à chaque fois que la bassine était pleine, elle devait la vider, et ainsi, pendant ce bref moment, le poison atterrissait sur le front de Loki et le brûlait. Puis il se tordait de douleur et tirait sur ses liens, et la Terre grondait et tremblait sous l'effet de la force. C'était l'explication nordique des tremblements de terre.

Questions de recherche

---

1) Pourriez-vous croire aux contes et légendes nordiques sur les dieux et les déesses si vous étiez né plus tôt ? Pourquoi ou pourquoi pas ?
2) Pourquoi tant d'histoires nordiques impliquent Loki ?

Vanir

Une race de dieux nordiques qui ont fait la guerre aux Ases et se sont ensuite réconciliés avec eux.

Les Vanir sont l'une des deux principales races de dieux. Les histoires de l'autre race principale, les Ases guerriers, ont prédominé dans la mythologie nordique qui a été transmise par l'"Edda poétique (ou ancienne)" et l'"Edda en prose (ou jeune)".

Les Vanir, qui étaient davantage associés à l'agriculture, sont donc moins bien connus que les Ases. Bien qu'ils aient été subordonnés aux Ases, on pense que le Vanir est antérieur à ces derniers.

Les dieux et déesses vanirs étaient Boda, Bil, Eir, Fimila, Fjorgyn, Freya, Frimla, Fulla, Gefjon, Gerda, Gna, Hnossa, Horn, Njord, Saga, Sit, Siguna et Vanadis. Les déesses Frigg et Nanna étaient toutes deux Vanir, bien qu'elles aient été mariées aux dieux Ases Odin et Balder. Skadi, épouse de Njord, est comptée parmi les Vanir bien qu'elle soit la fille d'un géant. Certains spécialistes pensent que le mot Scandinavie vient de Skadi.

Le lieu de résidence des Vanir était Vanaheim. Ils y régnaient sur les pouvoirs de la nature, de la richesse, de la fertilité et du commerce. Il a été suggéré que les peuples parmi lesquels les dieux Vanir étaient originaires étaient des marins, car beaucoup de Vanir avaient des liens particuliers avec la mer.

Selon la tradition, il y a longtemps, les Ases et les Vanirs se sont fait la guerre. Selon un récit, la guerre a commencé lorsque les Vanir ont attaqué les Aesir parce que ces derniers avaient torturé la déesse Gullveig, une prêtresse ou sorcière Vanir. Les Vanir outragés ont exigé une satisfaction monétaire ou un statut égal à celui des dieux.

Mais les Ases ont refusé et ont déclaré la guerre aux Vanes. Les deux camps se sont battus avec courage, mais malgré leurs prouesses au combat, les Ases ont subi de nombreuses défaites. La plupart des récits disent que la guerre s'est terminée par une trêve, aucun des deux camps n'ayant pu remporter une victoire décisive.

Il fut convenu que pour faire la paix, chaque partie prendrait des otages de l'autre. Ainsi, les dieux aesirs Hoenir et Mimir furent envoyés vivre parmi les Vanirs, tandis que le dieu vanir Njord et ses deux enfants, Frey et Freya, s'installèrent parmi les Aesirs. Par la suite, ces dieux vanirs seront associés aux Ases.

La paix fut symboliquement restaurée par un rituel au cours duquel les deux parties crachèrent dans Odherir, un chaudron magique, mêlant leur salive. De leurs crachats combinés naquit un dieu-poète nommé Kvasir, qui était le plus sage des sages. Selon certains récits, Kvasir a été tué par des nains ; selon d'autres, il était lui-même un nain. Son sang fut mélangé à du miel et il en résulta un hydromel magique qui permettait à quiconque le buvait de parler avec poésie et sagesse.

Questions de recherche

1) Quel dieu ou déesse nordique serait le plus difficile à vivre, selon toi ?
2) Qui était la déesse nordique de l'espièglerie ?

Frey

Egalement orthographié Freyr.

Dieu de l'agriculture, de la prospérité, de la vie et de la fertilité.

Frey est un dieu de la richesse et des récoltes, et le dieu patron de la Suède et de l'Islande. Le beau Frey avait le pouvoir sur la pluie et le soleil, les récoltes abondantes, la bonne fortune, le bonheur et la paix. Il était le frère de la déesse de la fertilité Freya. Son père était Njord, un dieu de la mer, qui régnait également sur la prospérité et les bonnes récoltes.

Frey et Freya étaient des divinités Vanir associées à l'agriculture et subordonnées aux dieux guerriers Aesir, qui étaient associés à la bataille et à la victoire.

Selon les mythes, une guerre avait autrefois éclaté entre les dieux Ases et les dieux Vanirs. Dans le cadre du traité de paix, il y eut un échange d'otages et Njord, Frey et Freya quittèrent Vanaheim, la demeure des Vanir, pour aller vivre avec les dieux Ases en Asgard.

À Asgard, Njord était marié à Skadi, fille d'un géant nommé Thiassi, mais selon un récit, la mère de Frey et Freya était la propre sœur de Njord, qu'il avait épousée à Vanaheim avant de devenir un otage.

Frey régnait sur le domaine des elfes. Il possédait un cheval magique nommé Blodighofi (sabot sanglant). Il conduisait également un char étincelant qui pouvait voyager à la fois sur l'air et sur la mer, aussi facilement la nuit que le jour. Ce char était tiré par un sanglier aux soies d'or appelé Gullenbursti. Un culte du sanglier était donc associé à Frey ; aujourd'hui encore, en Suède, il existe une coutume selon laquelle les gâteaux de Yule sont cuits en forme de sanglier. Dans plusieurs sources, Frey est décrit comme l'ancêtre de la lignée des rois suédois.

Le vaisseau magique de Frey, Skidbladnir, se dirigeait toujours directement vers sa destination et était assez grand pour contenir tous les Aesir dans leur arsenal de combat, mais assez portable pour se plier dans la poche de Frey lorsqu'il était à terre.

Frey a épousé Gerd, fille des géants des montagnes Gymir et Aurboda, après une longue crise d'amour. Frey s'était un jour aventuré à s'asseoir sur le haut trône d'Odin, Hlidskjalf, d'où l'on pouvait tout voir partout. Dans le lointain nord de Jotunheim, le pays des géants, Frey aperçut une grande propriété appartenant au père de Gerd.

Frey a vu Gerd entrer dans un immeuble et a été subjugué par sa beauté. Il est tombé profondément amoureux et a commencé à se languir désespérément de Gerd. Il a quitté le trône d'Odin, plein de chagrin. Quand il est rentré chez lui, il ne voulait ni parler, ni dormir, ni boire. Njord demanda à Skirnir, le serviteur de Frey, de découvrir ce qui n'allait pas chez son fils. Frey avoua à Skirnir qu'il était tellement rempli de chagrin par amour pour Gerd qu'il ne vivrait plus très longtemps s'il ne pouvait pas l'avoir.

Skirnir accepta d'aller à Jotunheim et de demander la main de Gerd au nom de Frey, si Frey lui donnait son épée, une arme magique qui se balançait toute seule. Skirnir partit en mission et obtint de Gerd qu'elle accepte d'épouser Frey. Elle a dit qu'elle rencontrerait Frey et l'épouserait dans un bois sacré appelé Barey neuf nuits plus tard. Lorsque Skirnir rapporta sa réponse à Frey, son cœur fut rempli de joie.

Au moment du Ragnarok, la bataille finale entre les dieux et les forces du mal qui aura lieu à la fin du monde, Frey était destiné à être l'un des premiers dieux à mourir ; il devait combattre le géant du feu Surt et périr parce qu'il n'avait plus son épée magique.

Questions de recherche

---

1) Que feriez-vous si Frey était en face de vous en ce moment ?
2) Quels sont les rôles de Frey dans le Panthéon nordique ?

Freya

Freya, également orthographiée Freyia, Freyja, ou Frea.

Déesse de la fertilité, de l'amour, de la beauté, de la magie, de la guerre et de la mort.

Freya est la déesse de l'amour, de la beauté, de la jeunesse et de la fertilité. Son frère était Frey, également un dieu de la fertilité, et, comme leur père, Njord, un dieu de la richesse.

La plus belle des déesses de l'Asynjur, Freya était considérée comme la seconde en rang après Frigg, la femme d'Odin, avec laquelle elle était parfois confondue. Freya était également la déesse d'une forme de magie, appelée seiyr, qu'elle enseignait à Odin et aux autres Ases.

Comme son frère et son père, Freya faisait partie des dieux agricoles Vanir plutôt que des dieux guerriers Aesir, mais elle a été envoyée vivre parmi les Aesir dans leur royaume céleste d'Asgard dans le cadre d'un traité de paix entre les deux groupes.

À Asgard, Freya vivait dans un magnifique palais appelé Folkvangar (Champ des gens), qui contenait une grande salle appelée Sessrumnir (Riche en festins). Comme les Valkyries, Freya arpentait les champs de bataille pour trouver les âmes des valeureux. Elle voyageait dans un char conduit par deux chats.

Lorsque des guerriers étaient tués au combat, elle avait droit à la moitié de ces âmes ; le reste appartenait à Odin. Freya était leur hôtesse lors des banquets à Sessrumnir. Parfois, elle servait aussi les âmes des héros dans la salle de banquet d'Odin, le Valhalla, avec les Valkyries.

Freya était mariée à Od (également orthographié Ódr ou Odur), dont on sait peu de choses, si ce n'est qu'ils ont eu une fille nommée Hnoss, dont on disait qu'elle était aussi belle et précieuse qu'un trésor. Od était souvent en voyage.

Quand il n'était plus là, Freya pleurait des larmes d'or pur dans sa nostalgie de lui. Elle voyageait parfois à la recherche d'Od et adoptait d'autres noms, comme Mardoll (Brillant sur la mer), Horn, Gefn, Syr et Vanadjs, parmi les personnes qu'elle rencontrait en cherchant son mari.

Freya avait la réputation d'avoir des aventures sexuelles, pour lesquelles elle était souvent réprimandée. Elle était parfois appelée "chèvre" en raison de ses aventures, et la géante Hyndla a déclaré que "beaucoup ont volé sous ta ceinture".

Comme Freya était extrêmement désirable, on la pressait souvent pour obtenir ses faveurs. Le géant qui a construit la citadelle des dieux avait insisté pour obtenir Freya en paiement de sa tâche, et la déesse risquait de devoir honorer le marché jusqu'à ce que les dieux Loki et Thor interviennent. Dans un autre épisode, le géant Thrym a volé le marteau de Thor, Mjolnir, dans le but de l'échanger contre la main de Freya. Thor, avec l'aide de Loki, se fait passer pour Freya afin de tromper Thrym et de récupérer son marteau.

Freya aimait les bijoux et les parures, et sa possession la plus célèbre était le collier Brisingamen. Elle a vu par hasard les nains de Brising, qui étaient d'habiles orfèvres, fabriquer ce collier, et leur a offert beaucoup d'or en échange.

Mais les nains ont refusé l'or. A la place, leur prix était qu'elle passe une nuit avec chacun d'eux. Elle accepta. Dans un récit, Loki a volé le fameux collier de Freya et l'a caché dans la mer à un endroit appelé Singastein. Loki s'est transformé en phoque afin de le surveiller. Heimdall, le fils d'Odin, l'adversaire perpétuel de Loki, se transforma également en phoque et récupéra le collier pour Freya.

Les femmes de haut rang en Scandinavie recevaient le titre de Freya, ou "Dame". Freya était considérée comme une divinité très accessible, sensible aux prières concernant les affaires de cœur, et était connue pour être très friande de chansons d'amour.

Questions de recherche

---

1) Combien de déesses aux grands pouvoirs y a-t-il dans les mythologies nordiques ?
2) Selon vous, quelle est la meilleure arme qu'un dieu nordique puisse avoir et pourquoi ?

Njord

Également orthographié Njorth, Niord, ou Njordr.

Dieu de la mer, du vent, de la fertilité et patron des pêcheurs et des marins.

Njord est une divinité associée à la richesse et à la bonne fortune qui régnait sur la mer et le cours des vents, et donc sur la navigation. Les marins l'invoquaient pour qu'il leur assure des voyages sûrs et une pêche abondante.

Les Nordiques croyaient que Njord était si riche qu'il pouvait accorder de grandes richesses, en terres et en biens, à ceux qui le priaient. Comme il était associé à l'eau et à l'humidité, il avait également le pouvoir d'éteindre les incendies indésirables.

Njord était le père du beau dieu Frey, qui était également associé à la richesse, et de la belle déesse de la fertilité Freya. Bien qu'il ait été compté parmi les dieux Ases dont le chef était le guerrier Odin, Njord était à l'origine l'un des dieux Vanirs associés aux sociétés agricoles.

Njord est allé vivre parmi les Ases, dans leur royaume céleste d'Asgard, dans le cadre d'un accord de paix entre les deux groupes en guerre. Il a emmené Frey et Freya avec lui.

Njord était parfois confondu avec Aegir, un autre dieu de la mer, qui avait une femme appelée Ran. Aegir était peut-être plus important dans la mythologie nordique primitive, mais à l'époque des Vikings, Njord avait éclipsé Aegir en importance. Les spécialistes pensent que Njord était la masculinisation d'une ancienne déesse de la fertilité nommée Nerthus (Terre nourricière), ce qui pourrait expliquer l'histoire selon laquelle la première femme de Njord était sa propre sœur (Nerthus), dont il a eu les enfants Frey et Freya.

A Asgard, Njord vivait dans un grand palais appelé Noatun (qui signifie "enceinte des navires"), et par une étrange circonstance, il devint l'époux d'une géante nommée Skadi. Skadi était venue à Asgard pour venger la mort de son père, Thiassi, qui avait été tué par les dieux après avoir enlevé la déesse Idunn.

En réparation de la mort de son père, les dieux proposèrent à Skadi d'épouser l'un d'entre eux. Mais elle n'avait pas le droit de les voir - elle devait choisir en regardant uniquement les pieds des dieux. Les pieds d'un dieu étaient exceptionnellement beaux, et elle le choisit, pensant qu'il s'agissait du beau Balder, mais en fait ces pieds appartenaient à Njord.

Ce n'était pas un début de mariage très prometteur et, en fait, les deux époux n'étaient pas entièrement compatibles. Selon l'Edda en prose (ou Edda jeune), Njord aimait sa maison en bord de mer, mais Skadi préférait le domaine de son père, Thrymheim, dans les montagnes de Jotunheim (Giantland). Ils convinrent donc au départ d'alterner leurs résidences, passant neuf nuits à Thrymheim puis neuf à Noatun.

Cependant, lorsque Njord revint à Noatun de son premier voyage à Thrymheim, il déclara qu'il détestait les montagnes, avec le bruit des loups qui hurlent, et qu'il préférait ses cygnes au bord de la mer. Skadi n'aimait pas non plus rester à Noatun, car, disait-elle, le cri des mouettes l'empêchait de dormir.

Ainsi, après un certain temps, Skadi retourna vivre dans les montagnes, où elle aimait voyager à skis et tirer le gibier à l'arc. Njord resta ensuite dans le palais qu'il aimait au bord de la mer, où il pouvait régir tout ce qui concernait le marin. Le "gant de Njord" était un terme norrois poétique pour désigner une éponge.

1) Quel est le dieu ou la déesse qui vous a le plus effrayé en tant qu'étudiant en mythologie ? Pourquoi ?
2) Si une personne ordinaire voulait devenir un dieu ou une déesse de la mythologie nordique, comment s'y prendrait-elle ?

Votre cadeau

Vous avez un livre dans les mains.

Ce n'est pas n'importe quel livre, c'est un livre de Student Press Books ! Nous écrivons sur les héros noirs, les femmes qui prennent le pouvoir, la mythologie, la philosophie, l'histoire et d'autres sujets intéressants !

Puisque vous avez acheté un livre, nous voulons que vous en ayez un autre gratuitement.

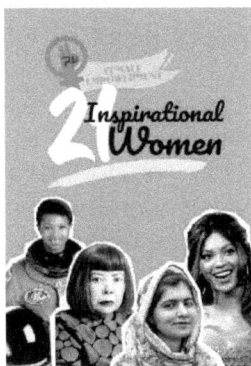

Tout ce dont vous avez besoin, c'est d'une adresse électronique et de la possibilité de vous abonner à notre newsletter (ce qui signifie que vous pouvez vous désabonner à tout moment).

Alors, qu'attendez-vous ? Inscrivez-vous dès aujourd'hui et recevez votre livre gratuit instantanément ! Tout ce que vous avez à faire est de visiter le lien ci-dessous et d'entrer votre adresse e-mail. Vous recevrez immédiatement le lien pour télécharger la version PDF du livre afin de pouvoir le lire hors ligne à tout moment.

Et ne vous inquiétez pas, il n'y a pas d'attrape ou de frais cachés, juste un bon vieux cadeau de notre part ici à Student Press Books.

Visitez ce lien dès maintenant et inscrivez-vous pour recevoir votre exemplaire gratuit de l'un de nos livres !

Lien : https://campsite.bio/studentpressbooks

Livres

Nos livres sont disponibles chez tous les principaux détaillants de livres en ligne. Découvrez les packs numériques (bundle) de nos livres ici :
https://payhip.com/studentPressBooksFR

La série de livres sur l'Histoire des Noirs.

Bienvenue dans la série de livres sur l'Histoire des Noirs. Découvrez des personnalités Noires exemplaires grâce à ces biographies inspirantes de pionniers d'Amérique, d'Afrique et d'Europe. Nous savons tous que l'Histoire des Noirs est importante, mais il peut être difficile de trouver de bonnes ressources.

Beaucoup d'entre nous connaissent personnages principaux de la culture populaire et des livres d'Histoire, mais nos livres présentent également des héros et héroïnes Noirs moins connus du monde entier, mais dont les histoires méritent d'être racontées. Ces livres de biographies vous aideront à mieux comprendre comment les souffrances et les actions de ces personnes ont façonné leurs pays respectifs et leurs communautés, pour les générations à venir.

Titres disponibles :

1. 21 personnalités noires inspirantes : La vie de personnages historiques du XXe siècle : Martin Luther King Jr., Malcom X, Bob Marley et autres
2. 21 femmes noires exceptionnelles : L'histoire de femmes noires importantes du XXe siècle : Daisy Bates, Maya Angelou et bien d'autres

La série de livres Émancipation des femmes.

Bienvenue dans la série de livres Émancipation des femmes. Découvrez des figures féminines courageuses des temps modernes grâce à ces biographies inspirantes de pionnières du monde entier. L'émancipation des femmes est un sujet important qui mérite plus d'attention qu'il n'en reçoit. Pendant des siècles, on a dit aux femmes que leur place était à la maison, mais cela n'a jamais été vrai pour toutes les femmes, ni même pour la plupart d'entre elles.

Les femmes sont encore sous-représentées dans les livres d'histoire, et celles qui s'y font une place doivent généralement se contenter de quelques pages. Pourtant, l'Histoire regorge de récits de femmes fortes, intelligentes et indépendantes qui ont surmonté des obstacles et changé le cours des choses simplement parce qu'elles voulaient vivre leur propre vie.

Ces livres biographiques vous inspireront tout en vous donnant de précieuses leçons sur la persévérance et le dépassement face à l'adversité ! Apprenez de ces exemples que tout est possible si vous y mettez du vôtre !

Titres disponibles :

1. 21 Femmes d'exception : La vie de combattantes pour la liberté qui ont repoussé les frontières : Angela Davis, Marie Curie, Jane Goodall et bien d'autres
2. 21 femmes inspirantes : la vie de femmes courageuses et influentes du XXe siècle : Kamala Harris, Mère Teresa et bien d'autres
3. 21 femmes extraordinaires : Les vies exemplaires des femmes artistes et créatrices du XXe siècle : Madonna, Yayoi Kusama et bien d'autres
4. 21 femmes de génie : Les vies déterminantes de femmes scientifiques pionnières au XXe siècle

La série de livres Les dirigeants du monde.

Bienvenue dans la série de livres sur les dirigeants du monde. Découvrez des personnages royaux et présidentiels, emblématiques du Royaume-Uni, des États-Unis et d'autres pays. Grâce à ces biographies inspirantes de membres de la famille royale, de présidents et de chefs d'État, vous apprendrez à connaître les personnes courageuses qui ont osé prendre le pouvoir, avec notamment leurs citations, leurs photos et des faits rares.

Les gens sont fascinés par l'histoire et la politique et par ceux qui les ont écrites. Ces livres offrent des perspectives nouvelles sur la vie de personnalités remarquables. Cette série est parfaite pour tous ceux qui veulent en savoir plus sur les grands dirigeants de notre monde ; les jeunes lecteurs ambitieux et les adultes qui aiment se documenter sur des personnages importants.

Titres disponibles :

1. Les 11 familles royales britanniques : La biographie de la famille de la Maison Windsor : La Reine Elizabeth II et le Prince Philip, Harry et Meghan et bien d'autres
2. Les 46 présidents des États-Unis : Leur histoire, leur réussite et leur héritage : de George Washington à Joe Biden
3. Les 46 présidents des États-Unis : Leur histoire, leur réussite et leur héritage — Édition augmentée : de George Washington à Joe Biden

La série de livres Une mythologie passionnante.

Bienvenue dans la série de livres Une mythologie passionnante. Découvrez les dieux et déesses d'Égypte et de Grèce, les divinités nordiques et d'autres créatures mythologiques.

Qui sont ces anciens dieux et déesses ? Que savons-nous d'eux ? Qui étaient-ils vraiment ? Pourquoi les gens les vénéraient-ils dans les temps anciens, et d'où venaient-ils ?

Ces livres offrent des perspectives nouvelles sur les dieux anciens, qui inviteront les lecteurs à réfléchir à leur place dans la société et à s'intéresser plus encore à l'Histoire. Ces livres sur la mythologie abordent également des sujets qui l'ont influencée, tels que la religion, la littérature et l'art, dans un format attrayant avec des photos ou des illustrations accrocheuses.

Titres disponibles :

1. L'Égypte ancienne : Un guide des mystérieux dieux et déesses de l'Égypte ancienne : Amon-Râ, Osiris, Anubis, Horus et bien d'autres
2. La Grèce antique : Un guide des dieux, déesses, divinités, titans et héros de la Grèce classique : Zeus, Poséidon, Apollon et plus encore
3. Anciens contes nordiques : Découvrez les dieux, déesses et géants de la mythologie des Vikings : Odin, Loki, Thor, Freya et plus encore

La série de livres Les grandes théories expliquées.

Bienvenue dans la série de livres **Les grandes théories expliquées**. Découvrez la philosophie, les idées des anciens philosophes et d'autres théories intéressantes. Ces livres réunissent les biographies et les idées des philosophes les plus célèbres de régions telles que la Grèce et la Chine antiques.

La philosophie est un sujet complexe, et de nombreuses personnes ont du mal à en comprendre ne serait ce que les bases. Ces livres sont conçus pour vous aider à en savoir plus sur la philosophie, ils sont uniques en raison de leur approche simple. Il n'a jamais été aussi facile et amusant d'acquérir une meilleure compréhension de la philosophie qu'avec ces livres. En outre, chaque livre comprend des questions afin que vous puissiez approfondir vos propres pensées et opinions !

Titres disponibles :

1. Philosophie grecque : La vie et les idées des philosophes de la Grèce antique : Socrate, Platon, Pythagore et bien d'autres
2. Éthique et morale : Philosophie morale, bioéthique, défis médicaux et autres idées éthiques

La série de livres Inspiration des futurs entrepreneurs.

Bienvenue dans la série de livres **Inspiration des futurs entrepreneurs.** Il n'est jamais trop tôt pour que les jeunes ambitieux commencent leur carrière ! Que vous ayez l'esprit d'entreprise et que vous cherchiez à bâtir votre propre empire, ou que vous soyez un entrepreneur en herbe qui commence à emprunter une route longue et ardue, ces livres vous inspireront grâce aux histoires d'hommes d'affaires qui ont réussi.

Découvrez leurs vies, leurs échecs et leurs réussites qui vous donneront envie de prendre le contrôle de votre existence au lieu de simplement la regarder passer !

Titres disponibles :

1. 21 entrepreneurs à succès : La vie des grands fondateurs du XXe siècle : Elon Musk, Steve Jobs et bien d'autres
2. 21 entrepreneurs révolutionnaires : Les vies incroyables des hommes d'affaires du XIXe siècle : Henry Ford, Thomas Edison et bien d'autres

La série de livres L'Histoire facile.

Bienvenue dans la série de livres L'Histoire facile. Explorez divers sujets historiques, de l'âge de pierre jusqu'à l'époque moderne, ainsi que les idées et les personnages marquants qui ont traversé les âges.

Ces livres sont un excellent moyen d'éveiller votre intérêt pour l'histoire. Les manuels scolaires, secs et ennuyeux, rebutent souvent les lecteurs, car ils aiment les histoires de gens ordinaires qui ont changé le monde. Ces livres vous donnent l'opportunité de les découvrir tout en vous fournissant les informations historiques importantes.

Titres disponibles :

1. La Première Guerre mondiale : La Première Guerre mondiale, ses grandes batailles, les personnages et les forces en présence
2. La Deuxième Guerre mondiale : L'Histoire de la Seconde Guerre mondiale, Hitler, Mussolini, Churchill et autres personnages clés

3. L'Holocauste : Les Nazis, la montée de l'antisémitisme, la Nuit de Cristal et les camps de concentration d'Auschwitz et de Bergen-Belsen.
4. La Révolution française : L'Ancien Régime, Napoléon Bonaparte, la Révolution française, les guerres napoléoniennes et de Vendée

Nos livres sont disponibles chez tous les principaux détaillants de livres en ligne. Découvrez les packs numériques (bundle) de nos livres ici : https://payhip.com/studentPressBooksFR

Conclusion

Nous espérons qu'après avoir lu ce livre, votre appétit d'en savoir plus sera aiguisé par tous ces détails sur les anciens dieux nordiques, leurs croyances et leurs traditions !

Vous avez atteint la fin de cette histoire épique. Avec un peu de chance, vous avez appris une chose ou deux sur Odin, Thor et Loki. Si ce n'est pas le cas (ou si vous avez simplement envie de le relire), reprenez ce Livre des anciens contes nordiques un jour prochain ! Nous sommes sûrs qu'il y a quelque chose de nouveau à découvrir, à chaque fois.

Nous avons beaucoup d'autres titres dans notre catalogue — alors ne manquez pas de les consulter également !

Avez-vous aimé cette lecture éducative ? Qu'en avez-vous pensé ? Faites-le-nous savoir avec un beau commentaire sur ce livre !

Nous en serions ravis, alors n'oubliez pas d'en laisser un !

Lightning Source UK Ltd.
Milton Keynes UK
UKHW020910210222
398998UK00009B/638

9 789493 258112